Manuel y Antonio Machado

LA PRIMA FERNANDA

GUÍA DIDÁCTICA

Edición y guía didáctica de José Luis Abraham López

La prima Fernanda. Guía didáctica.
Primera Edición 2024
© Herederos de Manuel Machado y Antonio 2021
© Edición y guía didáctica de José Luis Abraham López
Ilustraciones de la cubierta: Elena López Gallego

© Ediciones Rilke.
http://www.edicionesrilke.com
editorial@edicionesrilke.com
C/Dr. Fleming Nº 50, 4ºD
28036 Madrid
Teléfono: 34 91 999 13 12

ISBN- 978-84-18566-39-4
Depósito Legal: M-7908-2024

MANUEL Y ANTONIO MACHADO

LA PRIMA FERNANDA

(Escenas del viejo régimen)

Comedia de figurón, en tres actos

Edición y guía didáctica de José Luis Abraham López

PERFIL BIOGRÁFICO DE MANUEL Y ANTONIO MACHADO

Varios miembros de la familia Machado destacan por sus dotes artísticas. El abuelo paterno, el eminente médico e investigador Antonio Machado y Núñez contrajo matrimonio con Cipriana Álvarez Durán, joven inquieta y con habilidades hacia la pintura, quien estimulará el espíritu artístico de su único hijo, Antonio Machado Álvarez, padre de nuestros dos protagonistas, quien ejercía de abogado y destacaba por sus profundos conocimientos del folklore andaluz, llegando a publicar numerosos estudios bajo el seudónimo Demófilo. De su matrimonio con Ana Ruiz Hernández nacerían cinco hijos y una hija, Cipriana. Estas virtudes artísticas apuntadas fueron heredadas por los miembros del núcleo familiar: José fue dibujante, pintor y profesor; Joaquín ejerció el periodismo y Francisco fue poeta y funcionario miembro del Cuerpo de Prisiones.

Centrándonos en Manuel y Antonio Machado Ruiz, diremos que aquel fue el primer hijo del matrimonio. Nacido en 1874 en Sevilla, cuando contaba cinco años la familia cambió su domicilio a Madrid tras conseguir el abuelo paterno una cátedra en la Universidad Central. En la capital, el joven Manuel tiene ocasión de estudiar en la Institución Libre de Enseñanza, comandada por Francisco Giner de los Ríos, licenciándose en Filosofía y Letras en la Universidad de Sevilla en 1897.

Los dos años que pasa en París (1898-1900) serán decisivos, pues además de trabajar como traductor en la editorial Garnier, le permitirán a

Manuel conocer de primera mano el bullicioso ambiente cultural y literario de la ciudad de la luz, y cuyas influencias modernistas dejarán su impronta en su primer libro, *Alma* (1902), con una clara influencia de poetas como Rubén Darío y Paul Verlaine. De vuelta a España, al año siguiente colabora en rotativos como *ABC* y *Blanco y Negro*, estrenando la comedia *Amor al vuelo* en colaboración con José Luis Montoto. Tras la publicación de *El mal poema*, inscrito también en el Modernismo, en 1910 contrae matrimonio con su prima Eulalia Cáceres Sierra, trasladándose a Madrid.

La aparición de *Cante hondo* en 1912 supuso un sorprendente éxito, hasta el punto de vender mil ejemplares nada más aparecer en las librerías. Manuel entra a formar parte del Cuerpo Facultativo de Archiveros, Bibliotecarios y Arqueólogos, desempeñando también labores como archivero en el Ayuntamiento de Madrid.

Antes de entrar, junto a su hermano Antonio, en una etapa prolífica como dramaturgo, en 1921 ve la luz su poemario *Ars moriendi*, en el que adopta un tono más existencialista. Cuando estalla la Guerra Civil española, Manuel y su esposa se encuentran en Burgos, donde son informados de la denuncia caída sobre él por un corresponsal de *ABC* en París siendo detenido y encarcelado unos días. En contraste con estas noticias, Manuel Machado ingresa como académico de la Lengua Española en 1938, falleciendo en Madrid en el mes de enero de 1947.

El haber nacido Antonio casi un año más tarde, también en Sevilla, hace que las vicisitudes y estudios de su infancia fueran compartidos e inseparables, así como sus decisivas aventuras en

París y Madrid. Antonio colaboró en revistas literarias y periódicos influentes como *Helios*, *Blanco y Negro* o *Alma Española*. En 1907 obtiene plaza como profesor de francés en Institutos de Segunda Enseñanza, casi coincidiendo con la aparición de su segundo poemario, una versión ampliada de *Soledades* bajo el titulo *Soledades. Galerías. Otros poemas* en el que el simbolismo se distingue de otros aspectos.

Su destino profesional durante cinco años en Soria le descubre la esencia de Castilla, un sentir que quedará estampado en *Campos de Castilla* (1912). Además, en la ciudad leonesa conocerá a Leonor Izquierdo, quien por entonces no pasa de los trece años. No tardan en formalizar su compromiso, contrayendo matrimonio el 30 de julio de 1909. Dos años más tarde, a la joven le diagnostican tuberculosis falleciendo el primer día de agosto de 1912.

Quedando una plaza vacante en Baeza, hasta allí se traslada Antonio, donde vivirá siete años ejerciendo como profesor de Gramática Francesa en el instituto de Bachillerato. En este

período, se acerca al tono popular que tanto había escuchado en su hogar familiar, y que le permitirá reunir los poemas que compondrán *Nuevas canciones*. Siendo licenciado en Filosofías y Letras, en 1919 consigue plaza en un Instituto de Segovia. Antes que su hermano Manuel, en 1927 Antonio será elegido miembro de la Real Academia Española, aunque curiosamente nunca llegó a tomar posesión.

Entre 1928 y 1936, Antonio mantendrá una estrecha relación epistolar con la poetisa y dramaturga Pilar de Valderrama, Guiomar, a quien dedicará algunos de sus poemas.

En Segovia se encuentra Antonio cuando el 14 de abril de 1931 estalla la II República. Tres meses más tarde se traslada a Madrid, una vez concedida una cátedra de francés, pudiendo reunirse con su madre, su hermano José y los hijos de este. Si bien su producción poética disminuye en este período, no menos cierto es que se dedica con profusión a la prosa, con colaboraciones en distintos medios periodísticos y trabajando en lo que será *Juan de Mairena* y *Abel Martín*.

Al comenzar la Guerra Civil, sus amigos le convencen para que abandone España, marchando a Colliure, donde fallece en febrero de 1939.

En palabras de Dámaso Alonso, si Antonio era introvertido, silencioso, con aspecto triste, «era pozo, hondura, agua adensada en sombra»; en cambio, Manuel era divertido, «gracia, impulso, fuente, surtidor. Subía al cielo, salía a la calle rumorosa: subía, / bajaba, / charlaba,...»[1]. En cualquier caso, Manuel y Antonio, dos escritores singulares conocidos sobre todo en su faceta poética, de los que queremos compartir precisamente una labor más olvidada pero no menos interesante, la de dramaturgos.

Producción teatral de Manuel y Antonio Machado con guías didácticas editadas en Ediciones Rilke:

Desdichas de la Fortuna o Julianillo Valcárcel (1926)
Juan de Mañara (1927)
Las adelfas (1928)
La Lola se va a los puertos (1929)
La prima Fernanda (1931)
La duquesa de Benamejí (1932)
El hombre que murió en la guerra (1941)

---

[1] ALONSO, Dámaso. *Poetas españoles contemporáneos*. 3ª ed. Madrid: Gredos, 1988, p. 49.

UNA COMEDIA DE FIGURONES

Cuando cayó la Dictadura de Primo de Rivera, los dramaturgos sevillanos escribieron esta comedia sobre la que manejaron varios títulos, inspirada como está en el momento de agitación política: *Crisis total, o aquí no ha pasado nada*[2], *La nueva Cleopatra*. De ello podemos deducir que en el enfoque central los autores dudaron entre un aspecto general o un personaje principal que, sin duda, fuera el rasgo caracterizador de la pieza. El hecho de que se estrenara diez días después de la proclamación de la Segunda República conduce a pensar que los hermanos Machado aguardaron el momento de superar la dictadura y así liberarse del miedo a estrenar una obra crítica, no sin cierto recelo sobre su éxito[3]. Finalmente, optaron por un título que «no dice nada de la comedia, para que toda ella sea, en cierto modo, una sorpresa para el público»[4].

Las vicisitudes fueron varias. En un principio, iba a ser representada por la compañía de Lola Membrives pero definitivamente en la puesta de largo en el Teatro Reina Victoria el 24 de abril de 1931, los comediógrafos depositaron su confianza en la insigne actriz Irene López Heredia quien, bajo las directrices de Mariano Asquerino, representó a la protagonista. *La prima Fernanda* alcanzó la cifra de treinta y dos representaciones.

La gestación de la misma corresponde a varias etapas. Parece ser que tras espoleados por el incontestable éxito de *La Lola se fue a los puertos*, los autores terminaron los dos primeros

---

[2] Enrique Baltanás repara en el parecido de este título provisional con el del artículo ("Delenda est Monarchia") que José Ortega y Gasset publicó en *El Sol* (15 de noviembre de 1930): «La frase que en los edificios del Estado español se ha repetido más veces es esta: "¡En España no pasa nada!"». Vid. BALTANÁS, Enrique. *La obra común de los hermanos Machado*. Sevilla: Renacimiento, 2010, p. 169.

[3] SANMARTÍN, Rosa. *La labor dramática de Manuel y Antonio Machado*. Granada: Ediciones Mágina, 2010, p. 135.

[4] DOMÉNECH, Jordi. *Epistolario*. Barcelona: Octaedro, 2009, p. 292.

actos de *La prima Fernanda* a finales de 1929, siendo posterior la redacción del último de ellos[5].

El campo de expectativas que se le abrió (o condicionó en su interpretación) al lector como al espectador de la época figura en el mismo subtítulo de la obra: «escenas del viejo régimen». Así rezaba en los carteles anunciadores y en la edición aparecida en 1931 como número 193 de la colección *La Farsa* de la Editorial La Estampa, publicada un mes después de su estreno y que complementaba diez dibujos de su hermano José, incluida la cubierta del libro.

La definición del género ha sido también dispar. Algún crítico contemporáneo apostaba por comedia histórica[6]. Teniendo en cuenta la intelectualidad del texto y subordinada la acción, otros se inclinaban más por la comedia de salón[7]. Hay quienes la adscriben a la comedia política[8] y, en una perspectiva más general, algunos la encasillan en la comedia de corte clásico, cuyos antecedentes son el siglo XVII español e italiano[9], sin marginar otros que la tildan de alta comedia a tenor de los ambientes, los personajes y el desarrollo argumental[10].

Los mismos comediógrafos la entendieron como comedia de figurón:

> Porque hay en ella un fantoche político, líder camaleónico de grupos de izquierda o derecha, según le dicten las circunstancias, que es eso: un figurón en el que intentamos –

[5] BAAMONDE, Miguel Ángel. *La vocación teatral de Antonio Machado*. Madrid: Gredos, 1976, p. 58.

[6] DÍEZ-CANEDO, Enrique. "*La prima Fernanda*, de Manuel y Antonio Machado". En: *El Sol*, Año 15, n. 4275, 26 de abril de 1931, p. 6.

[7] ARAUJO-ACOSTA, Luis. "Veladas teatrales. Victoria. Estreno de la comedia del antiguo régimen en tres actos y en verso de Manuel y Antonio Machado *La prima Fernanda*". En: *La Época*, Año 83, n. 28514, 25 de abril de 1931, p. 1.

[8] CUEVA, José de la. "En el Victoria. *La prima Fernanda*". En: *Informaciones*, 25 de abril de 1931, p. 6.

[9] E.M.A. "La prima Fernanda". En: *El Socialista*, 25 de abril de 1931.

[10] ROMERO FERRER, Alberto. *Los hermanos Machado y el teatro (1926-1932)*. Sevilla: Diputación, 1996, pp. 246-247.

hace año y medio– al escribir esta pieza representar toda la vieja política española, que ya parece haber periclitado, por fortuna[11].

La comedia de figurón, junto a la de enredo, de capa y espada y de carácter conformó la tipología de comedia del Siglo de Oro. Este parentesco viene del hecho de la caracterización de algunos personajes aferrados a una realidad personal mixtificada, inmunizados de otra ante la que se desenvuelven el resto de actantes. Es el caso del diputado Román Corbacho, histriónico y farsante en sus parlamentos quien en su personalidad concentra rasgos extravagantes del figurón por su grandilocuencia, afectación y la ampulosidad de su discurso político.

Arquetipo de lo risible y grotesco, don Bernardino no le va a la zaga, quien acapara en su propio nombre (diminutivo de Bernardo) una marca de comportamiento, además de por algún reducto que, intentando parecer instruido, evidencia una tosca simpleza. Figurón también aun no siendo el centro motor de la obra.

La presencia y actuación de Fernanda mueve la evolución de la intriga. Pese a que los dramaturgos pretendían desterrar cualquier alusión al pasado político reciente, la caracterización de los figurones sí traen al recuerdo –mediante la caricatura y la sátira– a personajes públicos que, al espectador de entonces, no le resultaría difícil reconocer[12].

---

[11] GONZÁLEZ OLMEDILLA, Juan. "'La prima Fernanda', de Manuel y Antonio Machado, es una comedia de figurón, con escena del viejo régimen, paradójica y sarcástica". En: *Heraldo de Madrid*, Año 45, n. 14112, 24 de abril de 1931, p. 5.

[12] Por ejemplo, para José Cebrián, Román Corbacho tiene las habilidades oratorias y actitudes de Emilio Castelar (1832-1899), Antonio Maura (1853-1925) o Francisco Cambó (1876-1947), y ve en don Bernardino el modelo del general Miguel Primo de Rivera y Orbaneja (1870-1930). Vid. CEBRIÁN GARCÍA, José. "Algo más sobre *La prima Fernanda*, comedia de figurón, de Manuel y Antonio Machado". En: *Antonio Machado hoy. Actas del Congreso Internacional conmemorativo del cincuentenario de la muerte de Antonio Machado*. Volumen II. Sevilla: Alfar, 1990, p. 24 y 26.

El argumento se desenvuelve en torno a una serie de personajes que irán definiendo su carácter a través de su comportamiento. Un banquero, un general convertido en marqués, un diputado y una joven idealista son los ejes centrales de esta comedia, cuya trama recuerda características de obras anteriores de los hermanos Machado.

Cuando joven, Leonardo dejó pasar la ocasión de corresponder al amor por su prima Fernanda, cuando esta llevaba entonces una vida modesta. Al cabo de los años, esta regresa con la reputación de ser viuda de un príncipe polaco, y portadora de la hermosura y delicadeza que de nuevo atraen a Leonardo, ahora empresario con aspiraciones políticas. Su irrupción en Madrid colocará al hombre de finanzas (casado con Matilde) en la tesitura de darse una segunda oportunidad sentimental. A este se une el político Corbacho, el cual intenta atraer algo más que la belleza de Fernanda.

Leonardo tiene el afán de conseguir un monopolio minero para acrecentar su capital. Si Fernanda tuvo que aceptar un matrimonio convenido con el príncipe polaco Rosenski, ahora viuda presume de su poderío económico y disfruta, sobre todo, de su libertad. Pero aunque comparten un viaje que despejará definitivamente sus dudas, Leonardo es incapaz de sacrificar su ambición capitalista por Fernanda. Al tiempo, Corbacho no quiere renunciar a su nueva cartera del Gobierno (en una sesión de Cortes transmitida por radio), una vez ha atacado al monopolio, perjudicando con ello a Leonardo. Corbacho pactará con Bernardino en su destierro en Biarritz, entre la política y el negocio.

Ante la incapacidad de Leonardo de hacer frente a una nueva vida, Fernanda regresa a Varsovia habiendo derruido varios mundos: ha demolido una forma de gobierno, ha convertido (solo en apariencia) a un pícaro embaucador como Corbacho en aniquilador del régimen y ha deshecho una vida conyugal. Como ocurre en *La Lola se va a los puertos*, cuando la protagonista desestabiliza el entorno y desenmascara los intereses de ciertos personajes, vuelve a su origen como si nada hubiera sucedido. A pesar de estas idas y venidas, se alza una verdad incuestionable: a ningún personaje parece importarle la ruindad moral sobre la que se precipitan sus vidas.

Uno de los méritos de la obra es la disparidad de caracteres. El perfil de Fernanda es algo más complejo. Al final quedan difuminados los sentimientos de esta, pues no somos capaces de precisar si es el amor, la amistad, el cariño, la autoestima o el capricho el incentivo para tantear a quien fue la ilusión de su juventud, Leonardo. Parece claro que, después de sus encantos y experiencias no está dispuesta a extender una historia bajo la cual se oculta una fábula. En cualquier caso, parece ser la única que actúa de veras de manera sutil pero moralmente sincera, en contraste con la mediocridad parasitaria que a las pasiones dominan al resto de personajes, más atentos al mercantilismo de ocupaciones e intereses. Además de femenina y adorable, Fernanda goza de una inteligencia que le permite opinar razonadamente sobre poesía y las vanguardias, como también de filosofía, política y negocios. Pero a pesar de estas dotes, no encuentra la manera de llenar el único vacío que siente: el del amor. Honesta y decidida, cuando reconoce distinto su concepto de amor con el de Leonardo, muestra arrojo para alejarse sin desavenencias ni rencor de él, una vez –gracias a su mediación– este se hace con el puesto de Ministro de Hacienda y regresa a España con Matilde.

Fernanda aglutina en sí misma cualidades ajenas a los demás: coherencia, sinceridad y honradez. Los distintos lances acaban revelando la identidad de cada personaje pero nada más poderoso que la ambición podrá cambiar su esencia.

Por su parte, Leonardo encarna al hombre ambicioso quien, aun despreciando a Corbacho, es consciente de que le necesita para proteger sus negocios bancarios. Su pragmatismo e interés solo se ve alterado momentáneamente por Fernanda, cuando esta aviva un aparente idilio, si bien resultará pasajero. Inteligente y calculador para los negocios como sensual con Fernanda. Los intentos de su prima por hacerle ver la mezquindad de su vida falsa se verán frustrados hasta dar al traste con sus proyectos a través de Corbacho quien, a su vez, en su plan para conseguir dinero tiene como víctimas a Fernanda y a Leonardo. Y he aquí uno de los temas principales de la obra, el dinero, significando poder para Leonardo, a diferencia de para Fernanda para quien jamás puede ser prioritario al amor.

Matilde es una mujer cuya voluntad es voluble a merced de los personajes masculinos, sometida por su vida aristocrática y preocupada en mantener la posición social que le dispensa el matrimonio. La misma actitud reprobable de Corbacho en el ruedo político («Las ideas / en política, Fernanda, / son como el lastre en los globos») la lleva a la práctica Matilde en su vida amorosa.

Hija de Leonardo de su primer matrimonio, Aurora es una joven moderna, prima de Jorge. Acude a las carreras con su padre, juega al tenis y se desplaza en automóvil. Su peso en la obra se desvanece, tal vez porque se mantiene al margen de las entrañas de la política. En cambio, su papel de joven perteneciente a la alta sociedad subraya el entorno de repugnante vanidad en el que transcurre la trama. Acompañada en todo momento por Jorge Ulloa, en este reconocemos al joven intelectual vanguardista. Las conversaciones más distendidas entre ambos, con un registro acorde con el de la juventud de la época, relaja la intriga y aporta cierto humor al discurrir de la misma, pues ellos son la esperanza de una vida nueva.

El general don Bernardino, padre de Matilde, ha recibido recientemente el título de marqués de Oncala lo cual acentúa aún más su carácter llano. En las acotaciones, los propios dramaturgos lo tachan de ingenuo, afable pero rudo, del que todos se percatan de su simpleza resultando caricaturesco puesto que si bien tiene conocimiento del tópico de las armas y las letras, no está al tanto de la modernidad de la teoría de la deshumanización del arte, pregonada en España por José Ortega y Gasset.

Completa la pintura de caracteres Corbacho: astuto, decidido y vanidoso, amigo interesado de Leonardo y flirteador de Fernanda, es esta quien le persuade de pronunciar un airado discurso en el Congreso embistiendo contra los activos propietarios del capital. Ello dará lugar a la desgracia circunstancial de Leonardo teniendo aquel que buscar refugio en Francia.

Como decíamos, al final, ninguno de los personajes sufre cambio alguno en su estado anímico, salvo Fernanda, quien se resiste a combatir inútilmente contra el interés y la hipocresía en mundos tan complejos como la política y la vida burguesa. Estos elementos actúan como aglutinadores hasta conformar la sátira de personajes degradados y degradantes. Exceptuando a Fernanda, el resto ha trazado su destino en torno a su máxima debilidad: el interés. Manteniendo su coherencia hasta sus últimas consecuencias, es quizá la que más sale beneficiada de la trama: ha resuelto un dilema que la tenía en vilo, aunque este haya sido un deseo truncado.

Como ha señalado Rosa Sanmartín, la modernidad de *La prima Fernanda* reside en la actualidad que aportan elementos como la retransmisión radiofónica del Acto II, la incorporación de una conversación telefónica (Acto I, Escena I), el uso del argot contemporáneo, los diálogos sobre poesía, la teoría de la deshumanización del arte (Acto I, Escena VI), la crítica a la dictadura...[13].

Subordinando la historia, hay quien se sintió más atraído por el estilo, afirmando que la obra

---

[13] SANMARTÍN, R., op. cit., pp. 140-141.

se incluye en la tradición del teatro clásico español y que entronca por su fraseo, a veces conceptista y a veces de matices populares, con nuestra maravillosa escena clásica[14].

Escrita en octosílabos casi en su integridad con rima asonante, en *La prima Fernanda* se dan dos planos de intriga: el amoroso y el político, aun no siendo este último lo esencial de la misma. Muy distinto es que se desarrollen paralelamente a que ambos tengan igual importancia. En nuestra opinión, esta radica fundamentalmente en la miseria moral de unos personajes motivados por el interés personal en detrimento del bien común.

Las alusiones al estado y clima político de entonces sirven de contrapunto a las ideas regeneracionistas por las que siempre apostó Antonio Machado, sin olvidar la sátira a ciertas clases sociales complementado con el aire de contemporaneidad y modernidad gracias a las referencias a Ortega y Gasset y su concepto de deshumanización del arte y a novedades poéticas como *Seguro azar*, de Pedro Salinas.

Un rasgo ante el que no podemos pasar de puntillas, por cuanto define a cada personaje, es la forma de hablar de los actantes. Fernanda es una mujer inquieta e instruida, como así lo demuestra el empleo de referencias cultas (Creso), de cultismos y alusiones a la literatura moderna. Movido por un ansia que no oculta el poder y riqueza, Leonardo es un hombre práctico («¡El amor… romántico / pasó a la historia») que solo claudica ante Fernanda. Se muestra burlón hacia los demás. Por ejemplo, de Jorge duda de su racionalidad («aunque está chiflado / con los versos»). Pero en distintos apartes habla mal de Corbacho pasando a un registro vulgar (*imbécil*, «buen zorro estás», *tonto*) reluciendo su hipocresía con buenas palabras a quien maldice, incluso a su suegro don Bernardino con adiestrada socarronería.

Presuntuosa (presume de poseer los mejores galgos de carrera), pronto nos percatamos de la complacencia de Matilde

---

[14] B.G. de C. "Victoria. La prima Fernanda". En: *El Imparcial*, 26 de abril de 1931.

hacia Corbacho. Matilde hace gala de lo culto (*ínclito, devoto*) como también se le reconocen rasgos coloquiales. Aun con dudas, cita a Maquiavelo lo mismo que hallamos muletillas en apelativos como *nena*; hasta siete veces se vale de la palabra vacía *cosa*.

Si bien el lenguaje del locuaz Román Corbacho se caracteriza por la solemnidad, curiosamente también está sembrado de refranes («Yo, al pan, pan, y al vino, vino»), frases hechas («no ve tres en un burro», «En un dos por tres»), interjecciones eufemísticas expresivas para reforzar contrariedad («¡Caramba!» «¡canastos!»), coloquialismos (*mona, pollo* con el sentido de "joven" dirigiéndose a Jorge, *chisgarabís, locuela*) y locuciones verbales coloquiales del tipo «Si no nos sale usted rana». Pero también es ignorante cuando emplea vulgarismos («y vuelve a irse en hablando / con usted»), redundancias, etc. Queriendo parecer instruido se desvelan las costuras de sus carencias.

Utilizado en ocasiones como una sola figura homogénea, también el lenguaje de Aurora y Jorge se parece en muchos mecanismos, aunque aquella gana en coloquialismos a este: *tontaina, papastro, babieca*, «está hoy que trina», «so lila», «so primo», *tollina*, «a otra cosa, mariposa», «Se masca la tragedia», *guasón*. Este rasgo coexiste con el empleo de refranes («A gato viejo, / rata tierna») que combina con diminutivos (*Jorgito, guasitas, poquitas, cosita, casita*), locuciones coloquiales (la adverbial «ni torta», la verbal «¡Basta de murga!»), interjecciones («¡Arrea!»), como igualmente brotan en su discurso apelativos afectuosos (*rico, guapo*) y gitanismos (*camelos, diña*). No obstante, su cultura le permite acoger cultismos (*venia, híbrida*), arabismos (*acíbar*) y galicismos (*agiotista*). Igualmente significativos son los anglicismos y préstamos que dan cuenta de sus gustos y vida acomodada (*whiskey, tennis, sandwichs* y exprés).

Jorge es un joven que practica la poesía de vanguardia y el deporte. Su lozanía representa un aire fresco, antes de sucumbir a la ambición por las finanzas. Es educado y cortés pero cercano cuando emplea diminutivos, capaz de acoplar en la linealidad de su discurso rasgos de distintos registros: «que el papastro comandita / con su inmaculado sable». Además, lee y traduce del francés y, en su espontaneidad, también incorpora gitanismos (*camelo*). Ello contrasta con latinismos (*inter nos*), cultismos (*filípica, inmaculado, apela, conspirar, adule*), helenismos (*monopolio, demagogia, esfera*), galicismos (*tupé, sable*), anglicismos (*bisteck, Knock-out*) y expresiones coloquiales (*Estás cañón*), además de algún vulgarismo («Sí, en llegando / a Madrid»).

BIBLIOGRAFÍA

ALONSO, Dámaso. *Poetas españoles contemporáneos*. 3ª ed. Madrid: Gredos, 1988, p. 49.

ARAUJO-ACOSTA, Luis. "Veladas teatrales. Victoria. Estreno de la comedia del antiguo régimen en tres actos y en verso de Manuel y Antonio Machado *La prima Fernanda*". En: *La Época*, Año 83, n. 28514, 25 de abril de 1931, p. 1.

B.G. de C. "Victoria. La prima Fernanda". En: *El Imparcial*, 26 de abril de 1931.

BAAMONDE, Miguel Ángel. *La vocación teatral de Antonio Machado*. Madrid: Gredos, 1976, p. 58.

BALTANÁS, Enrique. *La obra común de los hermanos Machado*. Sevilla: Renacimiento, 2010, p. 169.

CEBRIÁN GARCÍA, José. "Algo más sobre *La prima Fernanda*, comedia de figurón, de Manuel y Antonio Machado". En: *Antonio Machado hoy. Actas del Congreso Internacional conmemorativo del cincuentenario de la muerte de Antonio Machado*. Volumen II. Sevilla: Alfar, 1990, p. 24 y 26.

CUEVA, José de la. "En el Victoria. *La prima Fernanda*". En: *Informaciones*, 25 de abril de 1931, p. 6.

DÍEZ-CANEDO, Enrique. "*La prima Fernanda*, de Manuel y Antonio Machado". En: *El Sol*, Año 15, n. 4275, 26 de abril de 1931, p. 6.

DOMÉNECH, Jordi. *Epistolario*. Barcelona: Octaedro, 2009, p. 292.

E.M.A. "La prima Fernanda". En: *El Socialista*, 25 de abril de 1931.

GONZÁLEZ OLMEDILLA, Juan. "'La prima Fernanda', de Manuel y Antonio Machado, es una comedia de figurón, con escena del viejo régimen, paradójica y sarcástica". En: *Heraldo de Madrid*, Año 45, n. 14112, 24 de abril de 1931, p. 5.

MACHADO, Antonio. *Juan de Mairena*. I. Edición de Antonio Fernández Ferrer. 2ª ed. Madrid: Cátedra, 1993.

MACHADO, Antonio. *Juan de Mairena*. II. Edición de Antonio Fernández Ferrer. Madrid: Cátedra, 1986.

MACHADO, Manuel y Antonio. "Los autores pintados por sí mismos". En: *ABC*, Año 25, n. 8154, 14 de febrero de 1929, p. 10.

MIQUIS, Alejandro. "La semana teatral". En: *Nuevo Mundo*, Año 38, n. 1939, 8 de mayo de 1931, p. 34.

ROMERO FERRER, Alberto. *Los hermanos Machado y el teatro (1926-1932)*. Sevilla: Diputación, 1996, pp. 246-247.

SÁNCHEZ DUEÑAS, Blas. "La tradición teatral clásica en la producción escénica machadiana". En: *Tonos digital: revista de estudios filológicos*, n. 23, 2012.

SANMARTÍN, Rosa. *La labor dramática de Manuel y Antonio Machado*. Granada: Ediciones Mágina, 2010, p. 135.

LA PRIMA FERNANDA

Comedia en tres actos, en verso

PERSONAJES

FERNANDA
MATILDE
AURORA
LEONARDO
ROMÁN CORBACHO
JORGE
DON BERNARDINO
CRIADO 1°
CRIADO 2°

ACTO PRIMERO

Salón de recibir en la intimidad, casa de don Leonardo.
Amplia habitación ochavada. Al fondo, en el centro, ancha
puerta que da a una galería o hall *de entrada; en la ochava*[15]
izquierda gran ventanal sobre el jardín del palacio. A derecha
e izquierda otras puertas, una de ellas en el chaflán[16] *derecho*
que comunica con las habitaciones interiores y otros salones.
Muebles lujosos, y de un buen gusto severo. Entre ellos una
mesita y al lado de ella un gran sillón. Sobre la mesita un
teléfono. Derecha e izquierda del espectador. Los paréntesis en
el diálogo equivalen a los antiguos apartes

ESCENA PRIMERA

Matilde, Leonardo

(Al levantarse el telón Matilde se halla junto al gran ventanal
de la izquierda mirando hacia el jardín. Leonardo, sentado
junto a la mesita, hojea distraídamente un libro. Madrid,
mayo. Las siete de la tarde. Los esposos no acostumbran a
encontrarse solos a esa hora. Tras un largo silencio.)

MATILDE.   *(Desde la ventana.)*
            Leonardo...
LEONARDO.   Matilde...
LOS DOS.   *(Esperando cada uno que el otro inicie o*
            reanude la conversación.)
                        ¿Qué?

---

[15] *ochava*: forma desusada de octava.
[16] *chaflán*: plano largo y estrecho que une dos superficies planas que forman ángulo.

MATILDE.   Llueve… ¡Qué tiempo tan malo!
LEONARDO.   Madrid…
MATILDE.   (Román tarda…)
LEONARDO.   (Tarda
Román.) ¡Absurdo!
MATILDE.   ¡Fantástico!
¡Casi en junio!...
LEONARDO.   (Hablar del tiempo…)
MATILDE.   *(Acercándose.)*
Y… ¿ese libro?
LEONARDO.   Es… el catálogo
de la Exposición.
MATILDE.   Estuve
esta mañana.
LEONARDO.   ¿Has comprado
alguna *croute*[17]? (Mil acciones son
pocas…)
MATILDE.   No. Fue un vistazo
ligero. Otro día…
LEONARDO.   *(Rápido.)*
                          Pon
tu tarjeta, en todo caso,
y no la mía.
MATILDE.   *(Picada.)*
¿Tan mal
compro?
LEONARDO.   *(Dulcificando.)*
                     Sigues demasiado
la moda… En fin…, ya veremos
si yo logro hacer un rato…
Y, ¿estuviste sola?

---

[17] Aunque hombre de negocios y acostumbrado, por tanto, a manejar un registro culto (el galicismo *croute* o el anglicismo *trust*), Leonardo también incorpora a sus interlocuciones coloquialismos («hace de su capa un sayo»), refranes («a lo hecho, pecho») y onomatopeyas (*cucú*).

MATILDE.	Estuve con Aurora… Allí encontramos a Jorge, el inseparable de tu niña… ¿No has pensado que esa amistad pica ya en historia?
LEONARDO.	Los muchachos y las muchachas del día tienen un poco trocados los papeles. Hoy… son ellos los que resisten…
MATILDE.	¡Leonardo! Pero… el amor.
LEONARDO.	¡Ah! (¡Quién habla de amor!) ¡El amor… romántico pasó a la historia, Matilde!
MATILDE.	Entiéndeme…
LEONARDO.	Sin embargo, habla con Aurora. Y si…
MATILDE.	No es mi hija… En estos casos me falta la autoridad que…
LEONARDO.	*(Interrumpiendo.)* ¡Qué disparate!… (¡Y tanto como te falta!) En fin, yo no veo peligro inmediato. Jorge es bueno, guapo, rico, no es tonto, aunque está chiflado con los versos… Si la chica cayera, caería en blando. Jorge Ulloa, padre, es…
MATILDE.	Noble…
LEONARDO.	Multimillonario. No le temo enfrente… Pero,

	prefiero tenerlo al lado.
	(Y queriendo, desde hace un rato,
	cambiar de tema.)
	Y esta tarde… ¿dónde fue
	Aurora?
MATILDE.	Al Tiro… Guiando
	su Bugatti[18]. «Voy a ver
	si encuentro allí a mi papastro»,
	me dijo. Ella sabe que
	mi padre la quiere tanto…
LEONARDO.	¡General, marqués de Oncala!
	Y ¡qué en serio lo ha tomado
	el buen señor!... ¡Desde que
	marquesó es un cortesano
	perfecto!...
MATILDE.	¡Él, siempre!
LEONARDO.	Ya… ya…
	Y ahora se anda trabajando
	la grandeza.
MATILDE.	¡Sí!
LEONARDO.	En el Tiro,
	de pichón.
MATILDE.	Hay que ayudarlo…
	Soy su hija única.
LEONARDO.	Justo.
	(Y su heredera por tanto.)
	Si las cosas vienen bien
	ya le daremos trabajo
	más propio y más… ¿Con que al Tiro?
	Y tú, ¿cómo te has quedado?...
MATILDE.	A esta hora, ¡siempre! Y hoy más
	que nunca… ¿Olvidas, Leonardo,
	que esperamos a la prima

---

[18] *Bugatti*: automóvil deportivo de gran lujo y de competición.

	Fernanda?
LEONARDO.	Que la esperamos…
MATILDE.	Ella escribió de París…
LEONARDO.	Sí. Como se espera un cambio de tiempo, que ha de llegar… pero no se sabe cuándo. *(Pausa.)* Extraña mujer…
MATILDE.	¿…?
LEONARDO.	Mujer.
MATILDE.	Has dicho extraña…
LEONARDO.	Borrado. *(Pausa, y como recordando vagamente.)* Con su príncipe Rosensky…
MATILDE.	Fue muy desgraciada…
LEONARDO.	En tanto que él vivió. Pero bien pronto le hizo el favor señalado de morirse… y de dejarla su heredera.
MATILDE.	La casaron a la fuerza… Él le doblaba la edad. Pero deslumbrados mis tíos con la fortuna del príncipe…
LEONARDO.	*(Burlón.)* Y con su rango…
MATILDE.	Le dieron su hija.
LEONARDO.	Sí, se la dieron…
MATILDE.	En tal caso poco les aprovechó. Antes de cumplirse el año de aquella boda murieron

	los dos.
LEONARDO.	Así paga el diablo…
	Lo cierto es que ella, hoy viuda,
	hace de su capa un sayo[19],
	y corre a su antojo el mundo
	sin estorbos ni cuidados…
	(Pausa.)
	¿Sigue tan guapa?
MATILDE.	Ya sabes
	que no la vi hace tres años.
	Desde que casó y se fue
	con su príncipe.
LEONARDO.	*(Burlón.)* ¡Polaco!
	Y ahora la invitaste…
MATILDE.	¿Yo?
	Se invitó ella sola… Claro
	que he dispuesto habitaciones
	por si se queda.
LEONARDO.	Temámoslo.
MATILDE.	O no; a lo mejor se va
	a un hotel… O amuebla un cuarto,
	o compra una casa.
LEONARDO.	¡Mira
	tú qué bien! Eso es simpático.
MATILDE.	¡Muy independiente!
LEONARDO.	Si
	comprende que lo seamos
	los demás… En fin, tal vez
	no viene siquiera.
MATILDE.	Acaso…

---

[19] *hace de su capa un sayo*: locución verbal coloquial para referirse a la manera de obrar de alguien con libertad en asuntos que le pertenecen, sin tener en cuenta criterios ajenos.

MATILDE.
LEONARDO.

(Largo silencio durante el cual ambos recaen en su preocupación, que es la misma, aunque por motivos distintos: la tardanza de Román Corbacho. *Matilde va de nuevo a la ventana. Leonardo se pasea impaciente, hasta que el timbre del teléfono lo detiene junto a la mesa.)*
(Tarda Román…)
(¡Ese hombre!...)
(Suena el teléfono. Leonardo descuelga de mala gana el auricular, pero en seguida se nota que la comunicación es interesante.)
¡Alló! Diga… Al aparato.
....
¡Ah! Cinco enmiendas…[20] ¿no más?
....
Al fondo, no.
....
¡Claro, claro!
....
Y justificar lo de
batallador diputado.
Pero viva usted tranquilo.
....
¡Sí! Y todo lo buen muchacho
que haga falta.
....
Yo respondo.
Aún no. Lo estoy esperando
hace una hora.
....

---

[20] *enmienda*: propuesta de cambio en el contenido de algún artículo o apartado de un proyecto de ley u otro documento oficial.

¡Imposible,
querido amigo!

··

¿Un trabajo?...
¡Enorme! A más, ya usted sabe
que no voy a sitios malos.

··

En serio: que no conviene
mi presencia ahí.

··

Encantado,
señor ministro.

··

Hasta siempre.
¡Adiós!

··

¡Adiós!
(Cuelga el acústico.)
(¡Mentecato!)
(Pero también... nuestro amigo
Román... Se le va la mano...
O tal vez...)
(Volviéndose rápidamente a Matilde.)
¿Qué te parece
a ti de Román Corbacho?

MATILDE. *(Un poco inquieta y contestando
evasivamente. Poco a poco se rehace y
resiste serenamente el interrogatorio.)*
¿Yo?... ¡Qué preguntas!... Admiro
su talento. Un juicio claro
y perspicaz de las cosas
y las personas...

LEONARDO. (A ratos...)
Ambicioso...

33

MATILDE.	¡Puede serlo! La política le ha dado grandes triunfos… Hoy tiene la situación en su mano.
LEONARDO.	¿Lo crees tú?
MATILDE.	Y tú.
LEONARDO.	Por supuesto. (Las mujeres y los pájaros…)
MATILDE.	¡Un gran orador!
LEONARDO.	Un gran orador… Pero es el caso que yo te pregunto: como amigo ¿qué tal?
MATILDE.	Su trato encantador. Un amigo excelente.
LEONARDO.	(Necesario…)
MATILDE.	Devoto, amable.
LEONARDO.	*(A quema ropa.)* ¿Leal?
MATILDE.	*(Sin desconcertarse.)* Pues, ¿qué duda cabe?
LEONARDO.	*(Renunciando a preguntar más, convencido de que ella no le dirá nada leal contra Corbacho, y viendo que están en un perfecto desacuerdo sobre el particular, dice:)* Estamos –¡Cuánto me alegro!–, Matilde, en todo conformes.
MATILDE.	¡Claro! *(En esto se oye en la antesala la voz de* Román Corbacho *y el criado.)*
LEONARDO.	Y… hablando del ruin de Roma…

CORBACHO.	*(En la puerta, separando al criado que iba a anunciarlo.)* No, no... Me están esperando.

ESCENA II

Dichos, Román Corbacho

MATILDE.	Ínclito[21] amigo.
CORBACHO.	*(Besándole la mano.)* Señora.
MATILDE.	¡Qué florido!...
LEONARDO.	Enhorabuena.
CORBACHO.	¿Ha sabido usted?
LEONARDO.	Lo más importante: cinco enmiendas.
MATILDE.	Y un triunfo completo.
LEONARDO.	Claro.
CORBACHO.	No prejuzguemos. Prudencia, circunspección. En política conviene triunfar a medias.
LEONARDO.	*(Con zumbona aquiescencia[22].)* ¡Hola!
CORBACHO.	Bien digo. Convienen triunfos que no comprometan; que no obliguen a seguir por donde las palmas suenan. ¿Me comprende usted? ¡Triunfos! Hay uno, el que se reserva.
MATILDE.	(Ingenioso.)

---

[21] *ínclito*: ilustre y conocido.
[22] *aquiescencia*: consentimiento, permiso.

LEONARDO.	*(Convencido de la estupidez de Corbacho pero animándole a seguir.)* (Imbécil.) ¡Bravo!
CORBACHO.	La política es defensa de intereses. Convenido; pero el que más interesa es tabú; nadie lo nombre; y la táctica guerrera del político, llevar la batalla donde sea más fácil ganarla o menos perjudicial el perderla. Y ¡cuántas veces se triunfa cuando se pierde, o se acierta sin dar en el blanco, y cuántas ataja quien más rodea!
LEONARDO.	(Aforismos de gitano. Buen zorro estás.)
MATILDE.	¿Fue Silvela o Maquiavelo quien dijo: león con piel de vulpeja?[23]
CORBACHO.	Tal vez Bismarck[24]. En política hay una verdad eterna como en el amor, señora.
LEONARDO.	(Cursi, cursi.)
MATILDE.	Venga, venga.
CORBACHO.	Hay que mentir. La verdad es siempre una impertinencia.

---

[23] Esta cita corresponde a Nicolás Maquiavelo, quien en el capítulo XVIII de *El Príncipe* afirma que «conviene que el príncipe se transforme en zorro y en león, porque el león no sabe protegerse de las trampas ni el zorro protegerse de los lobos».

[24] Otto von Bismarck, príncipe de Bismarck y duque de Lauenburgo (1815-1898), fue un estadista y político alemán, artífice de la unificación alemana y una de las figuras clave de las relaciones internacionales durante la segunda mitad del siglo XIX.

El orador, si es de raza,
sabe muy bien el problema
de la oratoria; un hablar
tan claro que en él entiendan
blanco, los blancos, y negro,
los negros[25].

LEONARDO.   ¡Hola!

MATILDE.   ¿Y si hubiera
grises también?

CORBACHO.   Esos pueden
mezclar.

MATILDE.   Bien…

CORBACHO.   *(Levantando la voz y simulando el tono
oratorio.)*
                              Cuando la hacienda
se empobrece, la política
o es medicina de urgencia
o algo peor.
*(Es el famoso «pero» de Corbacho, que
tanto se repite y que es la clave de toda
su actuación política y personal.)*
                    Mas, señores…
reparad en que hay pobrezas
honrosas, ruinas ilustres,
harapos que son preseas,
que no solo de pan vive
el hombre, etcétera, etcétera.
Blancos y negros asienten.
Para los grises se agrega:
mas demos a Dios lo suyo,

---

[25] Román Corbacho no oculta qué entiende por política: no importa tanto lo justo como el interés personal.

y a César lo que es del César[26].
Un cúmulo de razones
claras, que nadie comprenda,
acompañadas de un gesto
valiente y con voz serena
enunciadas, logran siempre
mágico efecto: «mi lema
es libertad para todos;
respeto a quien nos la niega».
«Nosotros somos nosotros».
«Mi partido es mi conciencia».
«Donde estaba estoy». No importa
usar de las frases hueras,
porque lo importante es
lo que se hace con ellas.
¿Me comprende usted?

LEONARDO.   *(Impaciente.)*
                              Comprendo;
pero… a lo nuestro.

CORBACHO.   Un problema
arduo, difícil. En este
asunto en que cifras juegan
la retórica fracasa,
si no se viste de técnica
crematística. Por suerte
abundan las ropas hechas
para este caso. Además
aquí la oratoria emplea
armas invencibles.

LEONARDO.   ¿Cuáles?
CORBACHO.   La misma aridez del tema,

---

[26] Este mismo refrán lo hallamos en la segunda obra dramática de los hermanos Machado, *Juan de Mañara* (Acto tercero, Escena IV), con el sentido de dar a cada uno lo que justamente le corresponde.

la ignorancia y el vacío
de la cámara. La prueba
de que dos y dos son siete,
con cifras, es ardua empresa,
y solo se logra para
aquel a quien aprovecha
que no sean cuatro. ¿Entiende?

LEONARDO.   *(Con impaciencia mal contenida.)*
(¡Este hombre me desespera!)
Entiendo, Corbacho, pero…

CORBACHO.   *(Reclamando doctrinal y picaresco su atención.)*
Vamos allá. Cinco enmiendas
hasta ahora y una que
me reservo. La primera
un vago ataque al espíritu
del proyecto, que es defensa
del mismo. ¿Comprende?

LEONARDO.   Nada.

CORBACHO.   Un disparo de escopeta
con pólvora solo, evita
que otros disparen de veras.

MATILDE.   (Ingenioso.)

LEONARDO.   (Imbécil.) ¡Bravo!

CORBACHO.   La segunda y la tercera
son más graves…, lo serían,
quiero decir, si no fueran
pedir la luna: la cuarta
ha de aceptarla sin mengua
de su prestigio el gobierno.
Solo la quinta plantea
una cuestión delicada,
si es que la delicadeza
y la política pueden

conjugarse. Mas no tema,
Leonardo, el proyecto pasa,
será ley; cuando lo sea,
tal vez entonces... Nosotros
no tenemos impaciencias
por gobernar; siempre fuimos
«los técnicos de la espera».

ESCENA III

Dichos. El general don Bernardino, Aurora, Jorge Ulloa

JORGE.	*(Saludando al banquero con respetuosa simpatía.)*
	Don Leonardo.
LEONARDO.	*(A Aurora.)*
	Hija...
JORGE.	*(Besándole la mano.)*
	Matilde.
DON BERNARDINO.	Hijos míos.
	(A Leonardo y Matilde.)
MATILDE.	*(Con autoridad de hija casada al viejo un tanto verde de su padre.)*
	Ya era hora,
	papá.
DON BERNARDINO.	*(Comenzando una vaga disculpa.)*
	Pero tú no sabes...
AURORA.	*(Interrumpiendo con la verdad.)*
	Tú no sabes qué real moza
	se presentó hoy en el Tiro,
	nueva en la plaza.
JORGE.	Y preciosa.

AURORA.	A este tontaina… también se le hacía agua la boca.
JORGE.	No es verdad. *(A Aurora, que le ha dado con un guante en la cara.)* ¡Chica!
AURORA.	A mí nadie me desmiente.
DON BERNARDINO.	*(Saludando a Corbacho.)* Román…
CORBACHO.	*(Obsequioso.)* Hola, mi general.
DON BERNARDINO.	¿La sesión de esta tarde?
CORBACHO.	Deliciosa. Pero no hablemos, ¡por Dios!, de política; tres horas de Congreso me parece a mí que bastan.
DON BERNARDINO.	Y sobran. ¡Cuánto charlar! ¡Pobre España! ¡Quién la salvará!
LEONARDO.	*(Contemplando socarrona y despectivamente a su suegro, de cuya mentalidad tiene exacta y tristísima idea.)* (La historia eterna.)
AURORA.	*(A Don Bernardino.)* ¿Vas tú a salvar a España, papastro?
DON BERNARDINO.	¡Loca!, ¿qué entiendes tú de eso?

LEONARDO.	(Y tú, majadero, y tú.)
AURORA.	Ni torta.
JORGE.	*(Un poco chocado de la fingida ignorancia e indolencia de Aurorita.)* ¡Qué ganas tienes de hacer tú siempre la niña boba!
CORBACHO.	Mi general, el que oculta su fuerza la dobla.
DON BERNARDINO.	*(Chocado por la expresión, que en él solo despierta ideas chuscas, de martingala[27] en el juego, etc.)* ¿Dobla?...
CORBACHO.	La fuerza.
DON BERNARDINO.	Entendido. ¡Claro! Pero no es esa mi norma. Yo, al pan, pan, y al vino, vino[28]. Y, a propósito. ¿Y mi copa de jerez?
MATILDE.	Ahora vendrá. *(Llama y surge un criado.)*
AURORA.	Jorgito y yo, *whiskey* y soda.
MATILDE.	Sirvan el té. Yo esperaba a Fernanda.
LEONARDO.	¡Bah!, quién toma en serio…
MATILDE.	Fernanda ha sido siempre muy seria en sus cosas.
LEONARDO.	Cuando las cosas lo eran con ella. Hoy libre, señora de su voluntad…

---

[27] *martingala*: artificio o astucia para engañar a alguien, o para otro fin.
[28] *al pan, pan, y al vino, vino*: refrán empleado cuando se habla o se debe hablar con sinceridad, diciendo lo que sea llanamente y sin rodeos.

DON BERNARDINO.	Fernanda, mi sobrina era muy mona. No la veo desde niña. Cuando se casó en la corta temporada que aquí vino, yo estaba de maniobras en el Ampurdán, comarca cerca de…
JORGE.	Francia…
DON BERNARDINO.	De Andorra. *(El criado pone la bandeja de té sobre la mesa y espera para servir hasta que Aurora le despide con un gesto al decir:* Yo sirvo.*)*
MATILDE.	De París hace ya un mes escribió que hoy, a esta hora, sobre poco más o menos, nos haría la alta honra de merendar con nosotros y quedarse aquí unas, pocas, semanas. Habla en semanas, a la inglesa.
AURORA.	Es ya la moda casi universal.
MATILDE.	Mujer interesante.
CORBACHO.	*(Al oído de Matilde.)* De sobra sabe usted que para mí…
AURORA.	¡No! ¡Yo sirvo! *(Sirviendo el té a cada uno.)*
CORBACHO.	*(A Matilde.)* Hay una sola mujer en el mundo.

MATILDE.	¿Una?
	¿Y ella?
CORBACHO.	Finge que lo ignora.
MATILDE.	¿Tiene usted esperanza?
CORBACHO.	Sí…
	¿Puedo tenerla?
MATILDE.	Es penosa

la virtud de la paciencia,
pero con ella se logra
todo.

LEONARDO. *(A Corbacho.)*
Román…
(Corbacho se separa de Matilde y atiende obsequioso a Leonardo, al que dirige un gesto de interrogación. Leonardo sigue autoritario.)
Es preciso…

AURORA. A ti, tu té.
(Sirviendo el té a su padre.)

LEONARDO. *(Prosiguiendo.)*
Que en la próxima
sesión el proyecto pase.

AURORA. *(A Jorge.)*
¿En qué estás pensando? Toma.
No bebe *wiskey* en Madrid
un pollo pera más posma[29].
Papastro, jerez.
(Dándole una copa.)

DON BERNARDINO. *(Examinando la marca del vino.)*
¡Domecq!
Buena bodega, ¡qué aroma!
El mismo nombre lo dice:
¡Macharnudo! Esto es la gloria,

---

[29] *posma*: persona lenta y pesada en su modo de obrar.

pollo.
(A Jorge.)

MATILDE.   ¿Y se puede saber
quién era la deliciosa
mujer que os tuvo embobados
en el Tiro?

AURORA.   No hubo forma
de averiguarlo. Si no
lo pregunté a cien personas…
Pero lo que conseguimos
fue levantar una ola
de admiración hacia ella.

LEONARDO.   ¿Qué?

AURORA.   Que por poco la ahoga.

MATILDE.   Pero ella iría con alguien…
Alguno…

DON BERNARDINO.   Pues esa es otra,
que nadie supo decirnos…

LEONARDO.   ¿Sola?

JORGE.   Por lo visto, sola.

MATILDE.   ¡No es posible!...

ESCENA IV

*Dichos. Fernanda, apareciendo en la puerta del fondo. Ha
oído las últimas réplicas*

FERNANDA.   Si es posible.

MATILDE.   ¡Fernanda!

CORBACHO.   *(Sorprendido.)*
             (¡Ella aquí!)

JORGE.   *(Inclinándose.)*

Señora.

(Todos se dirigen a Fernanda, interrogándola casi al mismo tiempo.)

AURORA. ¿Pero era usted?

MATILDE. ¿Eras tú?

LEONARDO. ¿Eras tú?

CORBACHO. ¿Era usted?

FERNANDA. La propia.
Dadme una taza de té,
y os despejaré la incógnita.
Llevo en Madrid tres semanas.

MATILDE. Román…
(Empezando a presentar a Corbacho.)

FERNANDA. *(Interrumpe.)*
Corbacho.

CORBACHO. *(Besándole la mano.)*
Señora…

MATILDE. ¿Lo conocías?

FERNANDA. ¿No acabas
de oír que hace veinte días
que estoy en Madrid?

DON BERNARDINO. *(Sin salir de su sorpresa.)*
¡Caramba!

FERNANDA. *(A don Bernardino.)*
A usted lo he visto en el Ritz
y en el Tiro.

DON BERNARDINO. ¿Una vez?

FERNANDA. Varias,
y he comprobado con pena
que ya no me recordaba.

DON BERNARDINO. Dejé de verte tan niña,
y hoy tan mujer… ¡Y tan guapa!

FERNANDA.	*(Con graciosa coquetería, que trastorna al viejo.)* Pues yo le encuentro a usté igual que entonces.
DON BERNARDINO.	*(Halagadísimo.)* Sobrina, gracias. (Es preciosa... Yo estoy sano y fuerte... Es viuda... Pausa, Bernardino.)
FERNANDA.	*(A Aurora.)* Me he cruzado contigo en la Castellana ayer. Conduces muy bien; pero toma con más calma los virajes si no quieres tener un percance.
MATILDE.	¡Vaya con la sorpresa!
FERNANDA.	¿Sorpresa?
MATILDE.	Para ti no.
FERNANDA.	Por desgracia...
LEONARDO.	Para mí ¿no hay una flor?
FERNANDA.	Para ti la rosa áurea o el pensamiento de oro, gran premio.
LEONARDO.	Clemencia Isaura[30], Dios te lo pague. (¡Qué boca tiene más bonita!)
FERNANDA.	*(A Jorge, que la desembaraza de su taza de té.)*

---

[30] Nacida en Tolouse, Clemencia Isaura (1450-1500) es un personaje mítico de la Edad Media. Según la leyenda, fue la creadora de los Juegos Florales y se convirtió en una figura emblemática para muchos poetas.

	Gracias.
AURORA.	*(Presentando.)*
	Jorge de Ulloa.
FERNANDA.	Lo he visto
	contigo. Además, me manda
	mi librero sus poesías.
JORGE.	¿Y a usted le gustan?
FERNANDA.	Me extrañan.
AURORA.	¿Y las entiende?
FERNANDA.	Phs… No
	siempre. A las veces me pasa
	que no les encuentro el punto
	de vista. ¿Me explico?
JORGE.	Clara
	y gráficamente.
FERNANDA.	Pero,
	en general, no me hablan
	al corazón.
JORGE.	Ni lo intentan,
	señora; la vieja farsa
	sentimental está en quiebra;
	la poesía pura mana
	en una zona más noble
	del espíritu.
FERNANDA.	Y más alta,
	comprendido. Pero tengan
	cuidado no se les vaya
	más arriba todavía
	del tejado de la casa.
	(Pausa.)
	Al leer ciertos poemas
	sin sonrisas y sin lágrimas,
	sin ritmo ni rima, sin
	lógica ni concordancia,

	creen muchos –no sin razón–
	que los versos no se sacan
	ya de la cabeza, sino
	del sombrero.
DON BERNARDINO.	*(Ingenuo.)* ¿Sí?
MATILDE.	Fernanda…
FERNANDA.	Y no se ha quedado ahí
	la broma.
JORGE.	¿No?
FERNANDA.	Hay una máquina
	de hacer versos, que ha inventado
	un Muller de Pomerania,
	muy mona, una especie de
	lotería de palabras.
DON BERNARDINO.	*(Apresurado.)*
	Yo quiero una.
AURORA.	¡Papastro!
DON BERNARDINO.	Sí. Las letras y las armas…[31]
FERNANDA.	El sistema es muy sencillo.
	Un muchacho puede usarla.
	Sin saber leer ni escribir
	se hace un poeta de fama.
	Por un mecanismo fácil,
	tres, cuatro, cinco palabras
	salen a la par del bombo,
	donde revueltas se hallan
	todas las del Diccionario,
	y algunas aun no aprobadas
	por la Academia. Una vuelta,
	un lote, un verso, no falla;

---

[31] Tópico literario en el que se apunta al pensamiento y a la acción respectivamente. Muchos críticos señalan a *El cortesano* de Baltasar Castiglione como uno de los libros en los que se alude por primera vez a este asunto. Aparte de otras muchas referencias, es conocido el parlamento que don Quijote hace en el capítulo XXXVIII de la primera parte de la novela cervantina.

más largo o más corto, eso
hoy ya no tiene importancia.
Diez, doce vueltas, diez, doce
versos: la estrofa mecánica.
Si, por ingrato capricho
del azar, sale entre tantas
combinaciones alguna
oración lógica y clara,
ese lote vuelve al bombo,
y a repetir la jugada[32].

LEONARDO.

La deshumanización...[33]

DON BERNARDINO.

(Que no ha oído nunca la palabra y le suena también a algo chusco: el dispiporren, por ejemplo.)
La deshumaniza..., ¡ja, ja!

FERNANDA.

Del arte, completa.

LEONARDO.

Eso,
hasta ahora, se llamaba
jugar a los despropósitos.

FERNANDA.

(A Jorge.)
Y usted, joven, ¿no se enfada?

JORGE.

No, señora. Y usted sabe,
como yo, que de esas máquinas
las hubo siempre. Que antes
no eran, sueltas, las palabras,
sino las frases ya hechas
las que del bombo saltaban;
con que ni siquiera había
la más remota esperanza

---

[32] Crítica a la máquina de trovar que destierra el espíritu creador y original.
[33] Referencia a la obra homónima (1925) del filósofo español José Ortega y Gasset en la que se alude a los ismos en el arte y la literatura que encumbraban la materia artística en detrimento de los ingredientes humanos.

	de una sorpresa.
FERNANDA.	*(Sorprendida y agradada del ingenio y la modesta seriedad del muchacho.)* Muy bien, Jorge Ulloa. Una palabra todavía. A los poetas que ahora dicen de vanguardia[34], ¿no?
JORGE.	Sí.
FERNANDA.	Me parece como si no les interesara la vida.
JORGE.	Para vivirla, mucho. No para cantarla.
FERNANDA.	Vuelve usté a tener razón provisionalmente.
JORGE.	Gracias.
FERNANDA.	Y estamos desesperando a la tertulia; estas charlas filosóficas no son del agrado de las damas; y aun los señores parece que se aburren.
MATILDE.	Nada.
DON BERNARDINO.	¡Oh, nada!
LEONARDO.	(Bachillera[35].)
MATILDE.	(Para todos tiene.)
CORBACHO.	(¡Adorable!)
LEONARDO.	(¡Fantástica!)

---

[34] Alusión a la poesía que, practicada bajo el molde los irruptores –ismos, acoplan un exceso de intelectualidad a su obra. Vid. nota 33.

[35] *bachillera*: persona que habla con pedantería y de forma impertinente.

DON BERNARDINO.	*(Protestando analfabetamente de que le crean antialfabético.)* Si leyeras el discurso de las Letras y las Armas que echó el Quijote, sabrías que yo… *(Y al ver que lo miran con extrañeza burlona, añade:)* La verdad, Fernanda, es que hombres como el Quijote no debían morirse…
MATILDE.	Calla, papá.
FERNANDA.	¿Y usted, gran Corbacho, piensa?...
CORBACHO.	Yo gozo escuchándola, y la admiro. «¿Qué es poesía?» me preguntas, mientras clavas en mi pupila la tuya. Poesía eres tú.
JORGE.	(La máquina.)
CORBACHO.	Perdón si Bécquer me ha dado la ocasión de tutearla.
FERNANDA.	Y en un político fuera mucho que se le escapara.
CORBACHO.	¿En un político?
FERNANDA.	Claro.
CORBACHO.	¿Y en un amante?
FERNANDA.	Más calma, Corbacho.
MATILDE.	*(Que observa con cierto disgusto el aparte de Corbacho y Fernanda, dirigiéndose a esta.)* No nos has dicho

	todavía por qué causa
	fue anticipar tu viaje,
	y no venir a esta casa
	directamente.
FERNANDA.	Matilde,
	cosas que de puro vagas
	no sirven de explicación.
	Pon que Varsovia me hartaba
	y que en París me aburría;
	añade amor a la patria,
	un deseo de cambiar,
	curiosidad, esperanza
	de no sé qué…
MATILDE.	¿Y por qué no
	venirte aquí?
FERNANDA.	Soy exacta,
	con los demás, por lo menos.
	Yo os escribí que llegaba
	hoy, a esta hora… Entre tanto
	me habéis tenido alojada
	en el Ritz.
LEONARDO.	De riguroso
	incógnito.
FERNANDA.	Una polaca,
	princesa Rosenska, ¿qué
	más incógnito en la plaza
	de la Lealtad?[36] Sin embargo,
	estoy ya relacionada
	con medio Madrid. ¿Verdad,
	Corbacho?

---

[36] La plaza de la Lealtad está situada en el paseo Prado de Madrid, donde además se encuentra el Hotel Ritz.

CORBACHO.   Y yo que ignoraba
                  que la princesa Rosenska
                  era…
FERNANDA.   La prima Fernanda
                  ¿verdad? Pues ahí tiene usted,
                  aquí la leyenda acaba
                  y empieza la realidad.
                  Una mujer como tantas,
                  con familia y todo. Adiós
                  a la princesa fantasma.
                  Ya no soy la interesante
                  yo, sino la interesada
                  por ustedes, por las cosas
                  de mi gente y de mi España.
                  Vengo a ver, no a que me vean.
                  Harto tiempo fui la alhaja
                  en la vitrina, el retrato
                  en lo mejor de la sala.
                  Ahora soy yo la que puede
                  comprar… si hay algo que valga
                  en la feria.
MATILDE.   Claro… hoy…
FERNANDA.   Y sobre todo mañana.
LEONARDO.   *(Con inquieto interés todavía
                  indefinido.)*
                  ¿Por qué?
FERNANDA.   Porque… fatalmente
                  tengo que vivir de cara
                  al porvenir. Del pasado
                  no guardo memorias gratas,
                  ni casi memoria. En él
                  he sido cuerpo sin alma
                  en poder de quien no supo
                  —o no quiso— despertarla.

	Ese pasado no fue
	más que… una salida falsa.
	Soy una mujer de historia
	sin historia… ¡Tiene gracia!
MATILDE.	Pero ahora te quedarás
	con nosotros.
LEONARDO.	*(Insistiendo con interés.)*
	Sí, Fernanda.
DON BERNARDINO.	Además, tenemos mucho
	que hablar. (¡Es preciosa!)
FERNANDA.	*(Amable al tío.)*
	Vaya…
	cuanto usted quiera.
DON BERNARDINO.	Yo sé
	bien lo que a ti te hace falta;
	y, aunque aún no pueda llamarme
	viejo…
LEONARDO.	(Este tonto.)
FERNANDA.	*(A Bernardino.)*
	Mil gracias.
	(Y dando por terminado el diálogo
	con el tío se dirige a Leonardo.)
	Dime, Leonardo, si eso
	del monopolio no pasa,
	¿caerá el gobierno?
LEONARDO.	*(Con autoritaria seguridad.)*
	Imposible.
FERNANDA.	¿Qué? ¿Qué no pase o que caiga
	el gobierno?
LEONARDO.	Que fracase
	el asunto.
FERNANDA.	¿Y si fracasa?
LEONARDO.	No puede ser. Están todas
	las precauciones tomadas.

No hay peligro.
(Mirando a Corbacho.)

FERNANDA.   No son esas
mis noticias.

LEONARDO.   Pues, son falsas
las tuyas…
(Con extrañeza por la insistencia de ella.)
                    Pero a ti ¿qué
te va en ello?

FERNANDA.   No, a mí nada.
Pero aquí tienes al gran
Corbacho, que se declara
enemigo inconciliable
del proyecto.

CORBACHO.   *(Evasivo.)*
                    Yo…

FERNANDA.   *(Encarándose con él.)*
                    Usté acaba
de combatirlo y mostrar
que son del todo contrarias
sus ideas.

CORBACHO.   Las ideas
en política, Fernanda,
son como el lastre en los globos,
para ascender, arrojarlas.

FERNANDA.   (Cuando se tienen.)

LEONARDO.   *(Con inquietud creciente.)*
                    ¿Qué busca
esta mujer?

CORBACHO.   ¡Ah!, la máxima
«Gobernar es transigir».

FERNANDA.   ¿Con quién, Román?

CORBACHO.   Con la práctica.

FERNANDA.	Bien. Pero usted no gobierna, ahora. Transija el que manda.
CORBACHO.	Claro que si no lo hicieran…
FERNANDA.	¿Qué?
CORBACHO.	Cuestión de confianza… Porque, mi amiga dilecta[37], derribar a este gobierno es un salto en las tinieblas. Yo podría…
LEONARDO.	*(A Corbacho duramente.)* ¿Usted podría?...
CORBACHO.	Yo podría –si quisiera–, por impopular, acaso dar con el proyecto en tierra. Pero lo repito, ¿a dónde vamos? Si caen las derechas desprestigiadas y está sin organizar la izquierda. Les falta un hombre.
FERNANDA.	*(Animándole.)* ¡Usted!
CORBACHO.	Yo cultivo mi independencia. Estoy en mi sitio, no adulo en altas esferas, ni halago al pueblo…
FERNANDA.	*(Insistiendo.)* Que tiene en usted la vista puesta, dice todo el mundo. Amigo Corbacho, ¿de qué se arredra?
CORBACHO.	Un político…

---

[37] *dilecta*: cariño o afecto especial.

LEONARDO.	*(Interrumpiéndole con impertinencia y mal humor para recordarle su verdadera posición al par que se la explica a Fernanda.)*

Un político
que quiere servir de veras
a su país, prima, tiene
que ganar su independencia
económica primero,
para emplear luego sus fuerzas
todas, sin apremio alguno,
de la vida, en la defensa
del procomún[38]. ¿Tú comprendes?

FERNANDA.
Comprendido, pero esa
independencia se puede
ganar de muchas maneras.
¡Ánimo, Corbacho amigo,
ánimo!

AURORA.
¡A las tres!

CORBACHO.
(A Fernanda.)
¡Sirena
tentadora!...

FERNANDA.
¿Cuándo va
usted a hablar?

CORBACHO.
Tal vez sea
el martes. Ya saben que
hacemos semana inglesa.

FERNANDA.
¿Un gran discurso?

CORBACHO.
Si alguien
me anima con su presencia,
un gran discurso.

FERNANDA.
Matilde,
¿iremos?

---

[38] *procomún*: utilidad pública.

MATILDE.	Como tú quieras.
CORBACHO.	*(A Leonardo aparte.)*
	(Esté usted tranquilo.) Tengo
	mi plan.
LEONARDO.	¿Nos veremos?...
CORBACHO.	Esta
	noche en la embajada.
LEONARDO.	Y... si...
CORBACHO.	Ahora, adiós.
DON BERNARDINO.	Comida hecha,
	yo, hijos, me voy al casino.
MATILDE.	¿Volverás?
DON BERNARDINO.	Para la cena.
AURORA.	Bien.
DON BERNARDINO.	Quiero hablar con Fernanda
	largamente, si nos dejan;
	que esta tarde la política
	que Dios confunda...
CORBACHO.	*(Despidiéndose.)*
	Princesa...
FERNANDA.	¿Hasta cuándo?
CORBACHO.	El que la ha visto
	una vez, querría verla
	siempre.
FERNANDA.	Hasta mañana. Y no
	desmayar en la contienda.
CORBACHO.	Al «Macbeth, tú serás rey»[39],
	en boca tan hechicera,
	¿quién resiste? (La jugada
	es doble y es estupenda.
	El dinero del consorcio

---

[39] Estas palabras pronuncia Banquo (general del ejército escocés) a Macbeth en la conocida tragedia homónima de William Shakespeare, como también la bruja 3ª que aparece en la misma obra: «¡Salud a ti, Macbeth, que serás rey!».

	de banqueros y el de ella, y una mujer que es *bocatto* *di cardinali...*[40])
FERNANDA.	¿En qué piensa, Corbacho?
CORBACHO.	*(Haciéndose el soñador.)* ¡Ah! ¡Mi pensamiento por qué altas regiones vuela! Solo temo que la fama injusta, por lo benévola conmigo, ocasione a usted una decepción.
FERNANDA.	Paciencia. De usted depende.
JORGE.	Me voy también.
AURORA.	Te vas y me dejas ¿y decías que me amabas?
JORGE.	Yo nunca te he dicho esas majaderías.
AURORA.	Las guardas para la Conchita Reina.
JORGE.	¡Pobre Conchita!
AURORA.	Sí, pobre; pero con lo que te cuesta; fíjate...
JORGE.	*(Extrañado y desagradado de que* *ella sepa y hable de esas cosas.)* Chiquilla, tú...
AURORA.	Anda, anda. Vete, babieca[41].

---

[40] *bocatto di cardinali*: literalmente "bocado de cardenal" para referirse a algo exquisito y sublime.

[41] *babieca*: persona sumisa, boba, con carácter apocado. Este apelativo lo vemos igualmente en boca de don Gonzalo en *Juan de Mañara* (Acto I, Escena I) y en el personaje Heredia en *La Lola se va a los puertos* (Acto I, Escena III).

JORGE.	*(No queriendo renunciar a verla al* *día siguiente.)*
	Pero mañana...
AURORA.	*(Benévola y autoritaria.)*
	Mañana
	por la tarde en las carreras
	con mi papastro.
JORGE.	*(Despidiéndose de las señoras.)*
	Señora...
CORBACHO.	Leonardo.
LEONARDO.	¿Hasta luego?
MATILDE.	Nena
	y tú Fernanda, ¿no vienes?
	Vamos a dar una vuelta
	a tu instalación.
FERNANDA.	Yo tengo
	en tu gusto fe completa.
	Me quedo a hablar de negocios
	con Leonardo.
MATILDE.	Como quieras.
	(Corbacho, don Bernardino y Jorge *se han ido a la calle. Matilde y* *Aurora al interior de la casa.)*

ESCENA V

Leonardo y Fernanda

LEONARDO.	Bella princesa, Rosenska,
	la verdad, ¿a qué debemos
	la dicha de verte?
FERNANDA.	¡Oh, águila

de la banca, amado Creso![42],
ya lo he dicho. ¿O piensas tú
que las mujeres tenemos
un propósito ficticio
y otro u otros verdaderos,
como en política? No:
ya es inocente ese juego.

LEONARDO. ¿Inocente?

FERNANDA. Ese mentir
que a nadie engaña es superfluo,
al menos, inofensivo
a fin de cuentas.

LEONARDO. ¿Y el vuestro?

FERNANDA. Útil, eficaz. Nosotras
cuando mentimos, sabemos
que el deber de la mentira
es engañar.

LEONARDO. Ya; por eso
lo hacéis tan bien.

FERNANDA. Además,
nuestro mentir es más serio;
siempre en defensa de alguna
verdad del alma o del cuerpo.

LEONARDO. ¿Conocías a Corbacho?

FERNANDA. Tanto como conocerlo…

LEONARDO. ¡Bah, personaje más simple!

FERNANDA. No lo desprecies, banquero.
¿Qué sería de vosotros
sin políticos? Sin estos
románticos de la farsa,

---

[42] Último rey de Lidia, cuyo reinado estuvo marcado por los placeres, la guerra y las artes.

	virtuosos del camelo[43],
	lo vuestro a secas sería
	abominable.
LEONARDO.	¡Lo nuestro!
FERNANDA.	Sí.
LEONARDO.	Careces del sentido
	reverencial del dinero,
	prima Fernanda.
FERNANDA.	Es posible.
LEONARDO.	Él es trabajo, talento…
FERNANDA.	¿Eso también? ¡Tiene gracia!
	Lo miraré con respeto
	de aquí en adelante.
LEONARDO.	Él es
	orden, poder, instrumento
	para captar el mañana.
FERNANDA.	Esa razón hizo al pueblo
	elegido tan fecundo
	en profetas y usureros:
	primero, ver el futuro;
	después, comprarlo. ¿De acuerdo?
	¡Bella virtud de quitar
	su mayor encanto al juego
	de la vida!
LEONARDO.	¡Linda copla!
	La vida aventura, riesgo,
	«seguro azar» como ha dicho
	un poeta[44]. Contra eso
	la inteligencia del hombre
	milita. Todo su esfuerzo
	es para evitar sorpresas,
	fijar, prevenir lo incierto.

---

[43] *camelo*: palabras empleadas para engañar o burlarse.
[44] En concreto, alude al poemario *Seguro azar* que Pedro Salinas publicó en 1929.

FERNANDA.	Quedamos en que Corbacho me interesa.
LEONARDO.	Un majadero, te repito.
FERNANDA.	No te enfades.
LEONARDO.	Un personaje grotesco, que corre el mundo guiñando el ojo a los cuatro vientos; de puro pillo, inocente, patán con zapatos nuevos. No hablemos más de él, estoy de Corbacho hasta los pelos[45].
FERNANDA.	¿Por qué lo tratas?
LEONARDO.	Lo trato… y lo sufro ¡qué remedio! Al fin me sirve.
FERNANDA.	¿Te sirve? ¿Tú combates el proyecto del monopolio?
LEONARDO.	Al contrario.
FERNANDA.	¡Al contrario! No lo entiendo.
LEONARDO.	El mundo de las finanzas, bella Fernanda, es complejo.
FERNANDA.	Allá vosotros. Mas, oye: curiosa –porque lo nuestro es curiosidad–, quisiera preguntarte.
LEONARDO.	¿Qué?
FERNANDA.	Primero… ¿No te enfadarás?
LEONARDO.	¡Contigo!
FERNANDA.	¿Por qué te tiñes el pelo,

---

[45] No tardan los Machado en presentar al personaje grotesco, Corbacho, representación de la comedia de figurón.

	Leonardo?
LEONARDO.	¡Bah!
FERNANDA.	Hace seis años,

cuando enviudaste, recuerdo
que, porque yo reparaba
algunos blancos cabellos
en tus sienes, me dijiste:
Fernanda, voy para viejo.
Hoy quieres ir para joven,
Leonardo, por lo que veo.

(Pausa.)

¿Eres feliz con Matilde?

LEONARDO. Nuestra vida es un convenio
para evitar discordancias,
y… estamos siempre de acuerdo.

FERNANDA. ¿Siempre?

LEONARDO. Sí. Por miedo a no
estarlo nunca.

FERNANDA. Comprendo.
Pero ella es buena…

LEONARDO. Sin duda.

FERNANDA. La elegiste.

LEONARDO. No lo niego.
¿Y tú, Fernanda?

FERNANDA. Yo no
pude elegir; me eligieron
para Rosenski. Mas todo
fue para bien; hoy poseo
con salud y con fortuna
libertad; era mi sueño
dorado: nacer dos veces,
y la segunda sabiendo
algo del mundo, no todo,
por mi suerte. Vivo, espero

	de la vida.
LEONARDO.	Otro Rosenski; ¿no, verdad?
FERNANDA.	Paz a los muertos. Mi gratitud (porque, al fin, le debo agradecimiento) es el olvido.
LEONARDO.	Bien dices, bella Fernanda, olvidemos.

(Pausa.)

LEONARDO. Deja que te admire. Eres
maravillosa de cuerpo
y de alma.

FERNANDA. Gracias.

LEONARDO. Un todo…

FERNANDA. ¿De cuánto, en suma?

LEONARDO. Sin precio.

FERNANDA. Entonces me tranquilizo;
mas no olvides que el requiebro
debe pasar a la historia,
como la rima en el verso.
¿No tengo razón?

LEONARDO. No; tienes
más que razón.
(Mirándola con insistencia.)

FERNANDA. ¿Sí? Lo siento.

LEONARDO. ¿Por qué?

FERNANDA. Porque más allá
de la razón todo es riesgo.

LEONARDO. Unos ojos y una boca…
Fernanda, yo estaba ciego.

FERNANDA. ¿Cuándo?

LEONARDO. Entonces.

FERNANDA. No lo creas,

con los ojos bien abiertos
me miraste; como ahora
te miro yo. A lo hecho, pecho.

ESCENA VI

Dichos, Matilde

MATILDE.	Prima Fernanda.
FERNANDA.	(Matilde.)
MATILDE.	¿Vamos a dar un paseo por el jardín?
FERNANDA.	Que me place.
MATILDE.	Te voy a enseñar mis perros. Tengo los mejores galgos de carrera.
FERNANDA.	¡Hola!
MATILDE.	¡Soberbios!

MATILDE. *(A Leonardo.)* ¿Vienes?

FERNANDA. (Decididamente elegí mal.) No... Hasta luego.
(Leonardo las ve irse a las dos desde su sillón, donde queda pensativo.)

TELÓN

ACTO SEGUNDO

La misma decoración del acto anterior

ESCENA PRIMERA

Aurora, Jorge, en traje de tennis[46]

AURORA.	¿Cómo me encuentras?
JORGE.	¡Estás cañón!, como tú dirías.
AURORA.	Digo de forma.
JORGE.	¿De formas?
AURORA.	De «forma», ¡imbécil!
JORGE.	Chiquilla…
AURORA.	¿Crees tú que estoy lo bastante entrenada?
JORGE.	*(Indiferente.)* La partida lo dirá… *(Y luego queriendo serle agradable.)* Ni Lili Álvarez[47] puede contigo.
AURORA.	¿Guasitas? ¿Ganaremos?...

---

[46] En *Las adelfas*, el personaje Enrique dice haber estado jugando al *tennis* cerca del Pardo (Acto I, Escena IX). Los dramaturgos sevillanos utilizan el mismo anglicismo como seña de identidad de la clase social a la que pertenecen los personajes que practican dicho deporte.

[47] Elia María González-Álvarez y López-Chicheri, más conocida como *Lili* Álvarez (Roma, 1905-Madrid, 1998) fue una polideportista, escritora y periodista española. Pionera del deporte español, fue la primera mujer española que participó en unos Juegos Olímpicos.

JORGE.	Y si no, ¿qué más da?
AURORA.	¡Cómo!...
JORGE.	Ni pizca. Lo que interesa en el juego es jugar.
AURORA.	¿Filosofías? ¡Camelos!
JORGE.	¿Camelos?... Dime, ¿qué es lo que importa en la vida? Vivir.
AURORA.	*(Rápida.)* Y el que gana, vive.
JORGE.	Ya...
AURORA.	Y el que pierde la diña. Conque a mí comparaciones fantásticas, muy poquitas, rico... Y te advierto, además, que si esta tarde no tiras a ganar, vas a perder en el juego... y en la vida. *(Amenazándole con la raqueta. Él permanece un poco callado, y por fin, variando de tono, comienza a hablar con cierta timidez.)*
JORGE.	Oye, Aurora...
AURORA.	*(Rápida.)* Al aparato.
JORGE.	Escucha... Tú ¿no podrías contestarme a una pregunta... en serio?
AURORA.	Prueba.

JORGE.	Nenita[48],

JORGE.   Nenita[48],
tú y yo –el uno para el otro–
¿qué somos?

AURORA.   *(Cómicamente sorprendida.)*
Eso se avisa,
chico. ¿Qué somos?..., ¿qué somos?...
Dos amigos.

JORGE.   ¿En la estricta
acepción de la palabra?...

AURORA.   Pues… ¡claro!

JORGE.   Nuestras familias
piensan que debemos ser
algo más.

AURORA.   Pues desvarían.
¿Verdad?

JORGE.   Yo…

AURORA.   ¡Vaya por Dios!
(Dice esto como respondiendo a un pensamiento íntimo, dejándose caer en un sillón.)

JORGE.   *(La observa extrañado, y al fin dice:)*
Te has quedado pensativa…
¿Qué te sucede?

AURORA.   *(Rápida y decidida a hablar.)*
¿Y a ti?
¿Te ha plantado la Conchita?
(Jorge se encoge de hombros. Aurora que ha dicho lo de Conchita sin convicción, aborda ahora resueltamente el tema verdadero.)

---

[48] Es habitual que los hermanos Machado pongan en un personaje un alto número de diminutivos. En esta obra será Jorge (*Conchita, chiquilla, nenita, pobrecilla, casita*), pero en obras anteriores lo hallamos en el personaje Heredia de *La Lola se va a los puertos* (*mocito, mijita, despacito, vueltecita, repasito*…). También en el pintor Esteban de *Juan de Mañara* y Araceli (repitiendo *mediquito*) en *Las adelfas*.

¿No?... Si ya sé lo que es…
Desde que llegó la prima
Fernanda, esta casa es otra.
Y el aire que se respira…
¿Te acuerdas de «Una ciudad
oxigenada», la antigua
novela de Julio Verne?...[49]
Una cosa parecida.
(Jorge va a hablar, pero ella no le deja
y sigue, cada vez más animada.)
Papá, que solo pensaba
en petróleos y tranvías,
cotizaciones de Bolsa,
ferrocarriles y minas…
mienta apenas los negocios
y hace lo menos tres días
que no preside un consejo
ni baja a las oficinas
del banco…
(Jorge va a interrumpirla, pero ella
sigue.)
                    ¿Y el gran Corbacho?
¡El verbo de la política
militante!; todo enmiendas,
coartadas y zancadillas,
hablaba anoche muy serio
en un sentido idealista!...
Y, más cursi que el arroz
con leche, viste y se atilda
como nunca y lleva siempre
la solapa florecida…
(Jorge ahora sonríe encantado de las
observaciones de Aurora y la anima a

---

[49] Se refiere a *Una ciudad oxi-hidrogenada*, de Julio Verne.

seguir con la mirada. Ella, afectando no
reparar en nada, continúa.)
Matilde, que nunca fue
celosa –y está hoy que trina–
rabia de celos aparte
porque todos la descuidan,
y se revancha en las cuentas
del joyero y la modista…
Y, en fin, tú –que has olvidado
tu famosa lotería
de palabras y haces cada
jugada al *tennis* que indigna…–
te descuelgas preguntando
«¡qué somos tú y yo!»… ¡So lila!,
lo que antes, ¡lo que siempre!
Tú un amigo, yo una amiga.
Si no te conviene así
ahuecas ¡y a otra cosita!

JORGE.   *(Dejando de sonreír y con seria*
estimación.)
Aurora… hay en ti más fondo
del que parece…

AURORA.   ¿Qué prisa
tienes por estropear
una cosa tan bonita?
¡Como los críos!... ¿A qué
viene sacarle las tripas
al juguete?...

JORGE.   ¿Tienes miedo,
a la verdad?

AURORA.   ¡A la mentira,
so primo! A encontrarlo lleno

	de serrín y crinolina…[50]
	como tu cabeza.
JORGE.	En serio…
	Aurora.
AURORA.	¡Y tío Tararira![51]
JORGE.	La verdad…
AURORA.	¡Basta de murga!

La verdad es la tollina[52]
que vamos a darle ahora
a Pinocho y a Felisa.
*(Sin cambiar el tono desenfadado, pero
con cierta coquetería confidencial.)*
Si hay otra, ya surgirá.
Si no surge, no la habría.
*(Y mirándole sonriente. Está
guapísima.)*
¿Hace?

JORGE. *(Vencido y encantado.)*
Tú mandas.

AURORA. *(Muy contenta.)*
Yo mando,
¡guapo!

JORGE. ¡Guapa!

AURORA. *(Señalando la puerta.)*
¡Arrea!

JORGE. *(Con cómica resignación y adoptando
el lenguaje de ella.)*
¡Tira!

---

[50] *crinolina*: conocida como miriñaque o armador, la crinolina fue una forma de falda amplia utilizada por las mujeres acomodadas a lo largo del siglo XIX que se usaba debajo de la ropa.
[51] *Tío tararira*: comedia en un acto, arreglada al teatro español por Ventura de la Vega. Utilizado en el registro coloquial-familiar, tararira adopta el significado de chanza, alegría con bulla y voces.
[52] *tollina*: paliza.

(Y ambos alegremente se dirigen a la salida central del foro, cuando por una lateral «surgen» (que diría Aurora) Matilde y Fernanda.)

ESCENA II

Aurora, Jorge, Fernanda, Matilde

MATILDE.   *(A los muchachos, con cierta severidad.)*
            ¿A dónde vais?

AURORA.   Con la venia,
            a jugar una partida
            de *tennis*.

MATILDE.   ¿Cuándo vas a
            dejar de ser una niña?

AURORA.   No es urgente.

MATILDE.   *(A Fernanda.)*
                        ¿Has oído?

FERNANDA.   Sí.
            Y lo mejor de la vida
            es jugar. Tiempo hay de hacer
            en serio las tonterías.

AURORA.   Muy bien dicho.

FERNANDA.   Gracias, nena.
            (A Jorge.)
            ¿Y usted?

JORGE.   Yo… por divertirla…

FERNANDA.   *(Con comprensiva simpatía.)*
            Bueno, bueno… Andad con Dios.

MATILDE.   ¿Volveréis pronto?

AURORA.	En seguida.

(Se van Aurora y Jorge.)

ESCENA III

Fernanda y Matilde

MATILDE.	Haces mal en darle alas.
	Una muchacha tan loca…
FERNANDA.	No lo creas.
MATILDE.	Y eso que…
	Acaso… Has dicho una cosa
	que es muy verdad. Para hacer
	locuras en serio sobra
	tiempo en la vida.
FERNANDA.	*(Cortando la confidencia para llevarla*
	al terreno de las que a ella le interesan.)
	¿No vas
	hoy al Congreso?
MATILDE.	Se enoja
	Leonardo.
FERNANDA.	¿Leonardo?
MATILDE.	Dice
	que las mujeres estorban
	en ciertos medios. No hay tal...
	A Leonardo le hace sombra
	algo que…
FERNANDA.	¿Celoso?
MATILDE.	¡No!
	Es decir, él hasta ahora
	no fue celoso. Tenemos
	cada cual su vida propia,

independiente. Yo sé
algo que –y no soy curiosa,
pero nunca falta alguna
amiga que nos imponga–
que él tiene sus veleidades…[53]

FERNANDA. ¿Amorosas?

MATILDE. Amorosas…
no es la palabra. Caprichos
de millonario. Victorias
del oro. En el fondo no
le preocupan ni le importan.
Es incapaz de ternura.

FERNANDA. *(A boca de jarro.)*
¿Y tú, Matilde?

MATILDE. ¡Curiosa!

FERNANDA. ¡Francamente!...

MATILDE. Soy mujer
y me halaga, como a todas,
saber que puedo ser mala,
y no serlo. La lisonja[54]
del amor en torno nuestro
es tan grata ¿no? La cosa
es no caer en sus redes.

FERNANDA. (Eres tonta.) No eres tonta.

MATILDE. En amor solo triunfa…

FERNANDA. ¿Quién?

MATILDE. La que no se enamora.

FERNANDA. ¡Bravo!

MATILDE. Porque así, Fernanda,
no se sufre.

FERNANDA. Ni se goza

---

[53] *veleidades*: galicismo con el significado de caprichos o cambios de estado de ánimo sin una causa justificada.

[54] *lisonja*: alabanza exagerada e interesada que se hace a una persona para conseguir un favor o ganar su voluntad.

	tampoco.
MATILDE.	Tal vez. A mí
	con que me quieran me sobra…
FERNANDA.	La niña mimada.
MATILDE.	Pero
	hablemos de ti.
FERNANDA.	Mi historia
	comienza mañana.
MATILDE.	*(Un tanto intrigada y buscando luego la explicación aparentemente natural.)*
	¡Eh! Claro,
	joven, rica, viuda y sola,
	el mundo es tuyo.
FERNANDA.	¿Es envidia
	o caridad?
MATILDE.	Las dos cosas.
FERNANDA.	Enigmática (Te veo.)
MATILDE.	¿Adivinas?
FERNANDA.	*(Viéndola venir, pero queriendo que ella se declare sola.)*
	No, señora.
MATILDE.	¿Vale la franqueza?
FERNANDA.	Vale.
MATILDE.	¿Cómo en tiempo?
FERNANDA.	¡Entre nosotras!...
MATILDE.	Yo sé que Román…
FERNANDA.	¿Román?
MATILDE.	Te hace la corte –perdona–
	por despistar a Leonardo…
FERNANDA.	¿Corbacho y tú?...
MATILDE.	Nada. ¡Tonta!
	Un *flirt*[55] insignificante
	que mi marido hasta ahora

---

[55] *flirt*: coqueteo.

ni reparó… o si lo ha
reparado no le importa.
Es decir, no le importaba
hasta… ayer… Porque… Esta es otra
confirmación de mi tesis,
la más completa y redonda.
Tú conoces a Leonardo
desde antes de nuestra boda.
(Con disimulada impertinencia y por
dejar una vez más sentado que ella fue
la preferida, ahora que empieza a temer
no serlo para Leonardo.)
Y aún puede decirse un poco
que él eligió entre nosotras…

FERNANDA.   ¡Bah!

MATILDE.   No protestes. ¡Si al fin,
tú fuiste la gananciosa!

FERNANDA.   El ganapierde, es el juego
de la vida… Sigue.

MATILDE.   Ahora
ese hombre orgulloso, frío,
que nada ni a nadie toma
en serio, que no ha encontrado
en la vida la persona
que pudiera darle celos,
ha variado en tal forma
hace tres días, que estoy
asombrada.

FERNANDA.   ¡Eh!

MATILDE.   Y recelosa
de algún desmán. «No vayáis
a escuchar a esa cotorra
de Corbacho» me decía
hoy mismo, lleno de cólera.

¡Ya ves qué expresiones!...

FERNANDA. *(Llamándole la atención sobre el plural.)*

¿No vayáis?

MATILDE. *(Rápidamente.)*

Por mí y por Aurora.

FERNANDA. *(Insistiendo en su aparente duda.)*

¿Por su hija? No hay cuidado.
Esa no entra de mirona
en ninguna parte; donde
no juega, no va, ni asoma…

MATILDE. *(Algo a pesar suyo.)*

¿Lo dijo acaso por ti?

FERNANDA. Pero de mí ¿qué le importa?

MATILDE. *(Buscando la explicación que le satisface y que puede despistar a Fernanda.)*

Desde el momento en que tiene
celos de Corbacho, cosa
que puede halagar al otro
le duele.

FERNANDA. *(Con aparente sencillez y profunda intención en el fondo.)*

¿No te equivocas, Matilde?

MATILDE. Corbacho mismo
lo ha conocido de sobra.

FERNANDA. ¡Ah! ¿Y por eso?... (Es decir: por eso es por lo que Corbacho me corteja, de acuerdo contigo.)

MATILDE. Sí, por eso…
ante el peligro. ¿Te enojas?

FERNANDA. *(Que no quiere comprender.)*

	¡Bah! ¿Pero no dices que
	a Leonardo le encocora[56]
	Corbacho más cada día?
MATILDE.	Dije…
FERNANDA.	*(Empeñada en no entender.)*
	Pues ha sido ociosa
	la «diversión».
MATILDE.	*(Como la que se ve obligada a hablar claro.)*
	Es terrible.
FERNANDA.	¿Qué?
MATILDE.	Tener que inferir otra
	herida a tu ingenuidad…
	Leonardo…
FERNANDA.	Sigue.
MATILDE.	Se toma
	su revancha, cortejándote
	también. Por eso le estorba
	Corbacho. ¿Comprendes, nena?
FERNANDA.	*(Con doble intención.)*
	¿Se puede ser tan idiota?...
MATILDE.	*(Asustada.)*
	¿Cómo?
FERNANDA.	*(Acabando la frase anterior con esta salida natural.)*
	Que no se comprenda
	cosa tan clara, tan lógica.
MATILDE.	*(Aun escamada.)*
	Lo dices de un modo…
FERNANDA.	*(Explicando alegremente.)*
	Claro…
	que, como a mí no me importa
	Corbacho ni tu marido,

---

[56] *encocora*: molestar, crispar.

	me asalta la parte cómica del asunto y... Te agradezco la lealtad con que me informas. Pero... ¡es tan gracioso!
MATILDE.	*(Algo picada por el tono de Fernanda, que la desconcierta un poco.)* ¡Cuánto celebro ver que lo tomas así!...
FERNANDA.	*(Cómicamente seria ahora.)* Pero yo debía indignarme, ¿no?
MATILDE.	*(Va a decir: si te parece...)* Sí...
FERNANDA.	*(Con socarrona decisión, que la otra interpreta por furioso despecho.)* ¡Ahora verás! Román...
MATILDE.	*(Atajándola y llevándola –o creyendo llevarla– a interesarse por lo de Román para separarla de toda idea sobre Leonardo.)* No. A Román es preciso que le oigas. Sí, nena... Por dos razones: lo que comienza de broma puede terminar en serio. Tú eres libre.
FERNANDA.	Yo...
MATILDE.	Señora de tu voluntad.
FERNANDA.	Escucha...
MATILDE.	Román puede ser la boda que te conviene... Si sabes

	sujetarlo…
FERNANDA.	*(Echándolo a broma.)*
	Darle coba
	como decía el argot
	de nuestro tiempo…
MATILDE.	*(Insistiendo oficiosa, pero con real*
	entusiasmo al hablar de Corbacho.)
	La gloria
	del foro y del parlamento
	es Román Corbacho. Toda
	España tiene en él fija
	la vista. Su portentosa
	elocuencia, su talento
	político[57]. No hay señora
	en nuestro medio que no
	envidiara a la dichosa
	mujer que lo conquistase.
	Yo te brindo esa victoria.
FERNANDA.	¿Tú lo quieres?...
MATILDE.	Yo lo admiro
	de una manera platónica…
	¿Qué mujer no soñó alguna
	vez con ser la inspiradora
	de un grande hombre? Confieso
	también, que verme entre todas
	la preferida era para
	mí la más grata lisonja.
	Pero ya…
FERNANDA.	Sigue.
MATILDE.	Mi *flirt*

---

[57] Matilde es el único personaje que admira las habilidades oratorias de Román Corbacho, frente al parecer de Fernanda, Aurora, Jorge, Leonardo y don Bernardino quienes, en ciertas ocasiones, recurren a la muñequización y a la animalización.

con Román Corbacho toca
en ese punto difícil
que no hay que pasar. Las cosas
se precipitan y yo
no quiero ser una loca…
(Solemne.)
Aunque Leonardo no sea
digno de mi fe, mi honra
está, siempre, sobre todo
para mí.

FERNANDA.   Lucrecia (¡Borgia!)[58]
Nada, que me lo traspasas,
mejor dicho, me lo endosas…
banquera, al fin… Pues te advierto
que yo no pago.

MATILDE.   *(Riendo.)*
                         Tramposa…
Acepta la letra, al menos,
y al vencimiento…

FERNANDA.   ¡Que corra!…

MATILDE.   ¡Mujer!…

FERNANDA.   (La doble jugada:
de un lado templar la cólera
del marido y por el otro
hacerse la desdeñosa
con Román para empicarle.
No está mal la maniobra…
Si no diera en el vacío
por una parte y por otra[59].)

---

[58] Lucrecia Borgia (1480-1519) fue hija del poderoso renacentista valenciano Rodrigo Borgia, que se convirtió en el Papa Alejandro VI.

[59] Los Machado afirmaron que «El empleo hábil o ilimitado de los apartes, la inserción del constante monólogo en el diálogo sería suficiente para renovar el teatro». Vid. MACHADO, Manuel y Antonio. "Los autores pintados por sí mismos". En: *ABC*, Año 25, n. 8154, 14 de febrero de 1929, p. 10. En *La prima Fernanda* abunda este recurso que supone el cauce utilizado por los personajes para desvelar sus verdaderos pensamientos.

MATILDE.	¿Qué piensas?
FERNANDA.	Que voy a ver
	de salvarte.
MATILDE.	Y, si así logras
	tu felicidad, seré
	yo doblemente dichosa.
	¿Alianza defensiva?
FERNANDA.	Y ofensiva…

ESCENA IV

Dichos y un criado que aparece en la puerta

MATILDE.	*(Al criado.)*
	¿Qué?
CRIADO.	Señora,
	don Román Corbacho.
FERNANDA.	*(Con cómico susto.)*
	¡Ay Dios!
MATILDE.	Que pase. Te dejo sola
	con él.
FERNANDA.	*(Movimiento de protesta.)*
	. . . .
MATILDE.	*(Sin dejarla hablar.)*
	Si Leonardo viene
	y me encuentra…
	(Ya en la puerta, antes de irse, se vuelve a Fernanda con fingida cordialidad y afecto simulado y le dice.)
	¿Un beso?
FERNANDA.	*(Sabiendo muy bien lo que es aquel beso.)*

Toma.
(Y las dos mujeres se besan. No se han
engañado, sin embargo, una a otra.)

ESCENA V

Fernanda, Corbacho, que la saluda con una reverencia y le
besa la mano

CORBACHO.   ¿Irá usted a la sesión
de esta tarde?
FERNANDA.   Escucharemos
su magnífica oración
desde aquí…
CORBACHO.   No prejuzguemos,
Fernanda. Es árido el tema,
¡ah, un problema
arduo el mío! Por un lado
el consorcio financiero,
donde alguien ha sospechado
la venta al oro extranjero
de la riqueza minera
del país, tiene que ser
combatido de manera
decidida. Eso es vender
el porvenir con la entraña
rocosa de nuestra España…
FERNANDA.   Bella frase.
CORBACHO.   Hipotecar
el futuro en condiciones
usurarias. Entregar
la madre patria en filones.

FERNANDA.	Bien dicho, Corbacho.
CORBACHO.	Pero

cuando hace falta dinero,
dilecta amiga, y está
el crédito fatigado
dentro de casa, y ahogado
el contribuyente… ¡Ah!...
entonces… ¿Quién pone coto
por un peligro remoto
a la docta diligencia
de un experto cirujano,
si hay que amputar con urgencia
el dedo o perder la mano?

FERNANDA. ¿Según eso usted se inclina
al monopolio, Román?

CORBACHO. No sé Fernanda divina;
las circunstancias dirán.
Pero dejemos, señora,
la actualidad financiera
y política. A esta hora
nos dicta la primavera,
con la luz de ese jardín,
su más alegre lección.
¡Ah!, dejemos…

FERNANDA. *(Aparte.)*
(¡Ah, pillín!)

CORBACHO. La palabra al corazón.
Fernanda, si usted supiera…

FERNANDA. Algo sospecho, algo sé,
buen amigo. Tenga usté
en mí confianza entera.

CORBACHO. Confianza… ¡Ah, confianza!
Fernanda, a quien tiene amor,
otro vocablo: esperanza

FERNANDA.	le suena mucho mejor. Ni soy yo quien puede dar esperanza ni siquiera me es lícito aconsejar la espere de quien la espera.
CORBACHO.	¿Usted piensa?... ¡Bah!
FERNANDA.	Yo veo. Matilde...
CORBACHO.	¡Qué tontería! Liviano *flirt*, galanteo inocente, cortesía casi obligada; un decir, al modo inglés: «todavía, señora», para no herir, mostrándose indiferente, el orgullo de una dama, hermosa, al fin; lo corriente en sociedad... *(Cambiando el tono por el de un apasionamiento un tanto ridículo, que hace sonreír a Fernanda.)* Mas la llama del amor, del niño ciego la saeta punzadora[60], el ascua de vivo fuego de la pasión... ¡Ah, señora!...
FERNANDA.	¡Ah, Corbacho!, guarde usted esa elocuencia encendida para esta tarde.
CORBACHO.	¿Por qué?
FERNANDA.	Porque es pólvora perdida en salvas, y dar al viento mucha lírica metralla,

---

[60] Referencia a Cupido, dios del Amor.

en vísperas de batalla
verbal en el parlamento.

CORBACHO. ¡Oh, Fernanda deliciosa!...

FERNANDA. ¡Corbacho incontrovertible!

CORBACHO. Blanco lirio y fresca rosa...

FERNANDA. No menos fresco y terrible
Román, la verdad sincera:
es usted algo farsante.
No me gusta su manera
de político y amante.
Juego doble, nada doble
es el suyo. Sus jugadas,
con dos barajas marcadas,
merecen fracaso doble.
Amigo, por una vez
hay que ser hombre; jugar
sin ventajas; estrenar
los naipes de la honradez,
que usted diría. ¿No es eso?

CORBACHO. Fernanda...

FERNANDA. No me interrumpa.
Esta tarde, en el Congreso,
cuando su oración prorrumpa
en rudo ataque, o defensa
del proyecto, sin mentir,
usted dirá lo que piensa.
Desde aquí lo hemos de oír.
Si usted defiende el dinero
de ese consorcio bancario
por útil o necesario,
bien está; pero... sin *pero*
para decir lo contrario.
Si decidido condena
el proyecto, con valor

	combátalo.
CORBACHO.	¿Usted lo ordena?
FERNANDA.	Es mi consejo, señor

Corbacho. Y ha de saber,
pues de galante blasona,
la rara virtud que abona
a don Juan con la mujer:
un mínimum de escarceos,
breve y ceñida oratoria,
en suma, un arte amatoria
sin ambages ni rodeos.
Ahora, deme usted la mano.
(Corbacho obedece a todo.)
Llévesela al corazón.
Su verbo ciceroniano…[61]

| CORBACHO. | ¡Ah, Fernanda…! |
| FERNANDA. | En la sesión |

de esta tarde, ha de tener
la virtud del ariete[62]
de la verdad. ¿Lo promete?

| CORBACHO. | Lo prometo. |
| FERNANDA. | ¿Sin ceder |

por nada ni nadie?

| CORBACHO. | Seca. |

Cuando Palas Atenea[63],
ceñido el casco guerrero,
inspira, protege y manda,

---

[61] Marco Tulio Cicerón (106 a. C.-43 a. C.): político, filósofo, escritor y orador romano. Considerado como uno de los más ilustres retóricos y estilistas de la prosa en latín de la República romana.
[62] *ariete*: arma de asedio originada en épocas antiguas, usada para romper las puertas o las paredes fortificadas.
[63] En la antigua religión griega, Atenea es la diosa de la guerra, representada tradicionalmente con una lanza, un escudo o ambos.

	¿quién se arredra?... *Pero*
FERNANDA.	¿Hay pero?
CORBACHO.	En política, Fernanda…

ESCENA VI

Dichos, Leonardo

LEONARDO.	(Aquí este moscón.) Corbacho…
FERNANDA.	Leonardo.
LEONARDO.	*(A Fernanda.)*
	Perdona.
	(A Corbacho.)
	A tiempo
	he llegado de advertirle
	algo que atañe a lo nuestro.
CORBACHO.	Lo nuestro.
LEONARDO.	Sí. Es necesario
	–escúcheme– que el proyecto
	se apruebe hoy mismo. Los Mayer
	desconfían. Hay más: Cueto
	va a intervenir. Las izquierdas
	despiertan ya, y los recelos
	de la alta banca. El discurso
	de usted, Corbacho…
CORBACHO.	*(Con arrogancia.)*
	No temo
	a nada ni a nadie… Yo…
	soy yo.
LEONARDO.	(Mayor majadero.)
CORBACHO.	*(Con tono oratorio.)*
	Con el pensamiento en alto…

LEONARDO.	Corbacho, su pensamiento con vuelo de saltamontes no importa. El asunto es serio.
CORBACHO.	Con el pensamiento en alto y con el oído atento al latir de las izquierdas y las derechas y el centro, sin lesionar intereses sagrados, sin rendir pecho al poder ni a la riqueza, sin adular al plebeyo andrajo...
LEONARDO.	*(Sacando el reloj.)* Las seis y cuarto. *(Suena el teléfono.)* Allo, sí. En casa. Al momento... Corbacho, que la sesión va a empezar.
CORBACHO.	*(Continuando impertérrito[64].)* Siempre en mi puesto, haré lo que mi conciencia me dicte[65].
LEONARDO.	*(Dándole el sombrero.)* ¡Bravo! Hasta luego. ¿Verdad?
CORBACHO.	Hasta pronto.
FERNANDA.	*(Animándole.)* Adiós, señor Corbacho. Y que el éxito le acompañe.

---

[64] *impertérrito*: impasible.
[65] Este es un buen ejemplo de la soberbia que guía a Corbacho, pese a ser un muñeco en manos de Fernanda. Con ello, los comediógrafos están caricaturizando a un personaje que recoge en esencia la comedia de figurón.

CORBACHO.	Abur[66], señora.
	Si in partibus infidelium[67]
	político, en lo profundo
	siempre suyo. Sus pies beso.
	(Vase Corbacho, haciendo a
	Fernanda una profunda reverencia.)

ESCENA VII

Fernanda y Leonardo

FERNANDA.	Mal lo tratas. Ten cuidado…
	no hay enemigo pequeño
	y este es grande.
LEONARDO.	Grande…
FERNANDA.	Fuerte.
LEONARDO.	*(Queriendo cambiar de asunto e ir*
	rápidamente a lo suyo, ahora que coge
	sola a Fernanda.)
	Dame la mano.
FERNANDA.	No quiero.
LEONARDO.	¿Enfadada?
FERNANDA.	Acaso…
LEONARDO.	(Está
	para comérsela a besos.)
FERNANDA.	He de reñirte. Matilde…
LEONARDO.	No me quiere ni la quiero.
	Me repugna esa mentira

---

[66] *abur*: adiós.
[67] *si in partibus infidelium*: «en tierras de infieles».

	diaria.
FERNANDA.	La tuya.
LEONARDO.	¡Bueno!

La mía y la suya.

FERNANDA.   Ella
te adora.

LEONARDO.   ¡Bah!

FERNANDA.   Tiene celos
de mí.

LEONARDO.   Bien hace.

FERNANDA.   Y procura,
extremando el coqueteo
con Corbacho...

LEONARDO.   ¡No!

FERNANDA.   Excitar
los tuyos.

LEONARDO.   Si yo los tengo
de ese imbécil es por ti,
por la atención, por el tiempo
que te roba... Terminado
el asunto que ahora llevo
con él, lo despido...

FERNANDA.   Eres
terrible. Pero él...

LEONARDO.   ¡Le cierro
mi puerta!

FERNANDA.   Y ¿estás seguro
de que te ha de hacer el tercio
que supones?

LEONARDO.   Él es tonto,
no loco. Además lo tengo
bien amarrado. Le va
toda una fortuna en ello.

FERNANDA.   ¿Y a ti?

LEONARDO.	Duplico la mía.
FERNANDA.	Nada menos.

(Cambiando de tono y volviendo decidido al tema de su amor a Fernanda.)

Nada menos.
Y todo a tus pies lo pongo,
princesita.

FERNANDA.	¡Pobre Creso![68]

Yo no necesito nada.

LEONARDO.	¡El mundo puede ser nuestro!
FERNANDA.	Comprándolo…
LEONARDO.	No, Fernanda.

La gran virtud del dinero
es esa, que no hace falta
comprar para ser el dueño
de todo… Si se da uno
es para recoger ciento.
Tan solo ser pobre es caro.
El oro basta tenerlo.

FERNANDA.	O simular que se tiene.
LEONARDO.	Acaso… Pero no hablemos

de eso tú y yo. No perdamos
el oro mejor, el tiempo.

(Y se queda mirándola con profunda emoción sensual y verdadera admiración estética.)

FERNANDA.	¿Qué me miras?
LEONARDO.	Di, Fernanda.

¿No te acuerdas?...

FERNANDA.	¿De qué?
LEONARDO.	Cierto,

de nada… De algo que pudo

---

[68] Vid. nota 42.

	serlo todo.
FERNANDA.	Pudo serlo y no lo fue… No fue nada.
LEONARDO.	Por mi culpa… Lo confieso.
FERNANDA.	Presunción.
LEONARDO.	No… Veinte veces asco y arrepentimiento de mi conducta, de mi torpeza, de mi silencio de entonces… Por eso hoy hablo.
FERNANDA.	Cuando ya no es tiempo.
LEONARDO.	¿Por qué?
FERNANDA.	¿Por qué? No quisiera comprender… No te comprendo. *(Quiere decir: ahora que estás casado, ¿qué esperas de mí?)*
LEONARDO.	Perdona, es preciso. No trato de excusarme. Pero quisiera explicarme. Yo entonces estaba ciego. No vi en ti más que la niña vulgar. Muy bonita, eso siempre. Inteligente, sí…
FERNANDA.	Pobre.
LEONARDO.	No importaba. Pero frívola. Sin más propósito que llegar a un casamiento inmediato.
FERNANDA.	Y ventajoso.
LEONARDO.	Inmediato…
FERNANDA.	*(Con un fondo de reproche muy amargo, a pesar del tono frívolo de las réplicas.)*

	Y todo menos
	prestarte a tamaña intriga.
LEONARDO.	Oye…
FERNANDA.	No era financiero
	el asunto.
LEONARDO.	¿Quién podía
	adivinar el inmenso
	tesoro de toda gracia
	que ocultaban tu modesto
	porte, tu reserva…?
FERNANDA.	¡Mientes,
	Leonardo!
LEONARDO.	No, no. No miento
	y bien caro estoy pagando
	mi error. Mi vida, un desierto…
FERNANDA.	Ya te buscas los oasis
	tú.
LEONARDO.	Escucha, Fernanda. En serio.
FERNANDA.	Tú querías una esposa,
	no un amor. Frío y certero
	lo echaste a un lado.
LEONARDO.	¡Fernanda!
FERNANDA.	Estabas en tu derecho.
	Por otra parte, Matilde
	rica, aceptada en el medio
	social en que tú vivías,
	realizaba por completo
	tus cálculos. Incapaz
	de inquietarte, era el modelo
	para dar a tu salón
	político financiero
	la necesaria etiqueta
	de un tono elegante y serio…
	Yo era la parienta pobre

entonces. Y, si un momento
tuve la ilusión, ¿la tuve,
Leonardo? –está ya tan lejos–
de ser la elegida, pronto
le cortaste tú los vuelos.

LEONARDO. ¿Tú me quisiste?

FERNANDA. No sé…
¿Quién penetra en el secreto
de horas que no se han vivido
y de cosas que no fueron?
Una ilusión de chiquilla
inocente, un sentimiento
tan vago. ¿Amor? Me parece
demasiado para aquello;
pero, en fin, del modo más
natural y más ingenuo,
yo iba a caer en tus brazos…
si los hubieras abierto.
No hay para qué recordar…

LEONARDO. Al contrario, recordemos.

FERNANDA. ¿A qué evocar un pasado,
que no pasó?

LEONARDO. Pues por eso;
porque no pasó, porque
en nosotros no está muerto
aquel amor no gozado…

FERNANDA. No sufrido.

LEONARDO. Lo confieso…
acaso instintivamente
tienes razón; tuve miedo
del amor. Pero yo entonces
luchaba sin tregua en medio
de la vida. No tenía
más que un solo pensamiento:

	vencer.
FERNANDA.	¡Y has vencido!
LEONARDO.	Sí.

No podía y ahora puedo.
Lo puedo todo, Fernanda.
¡Vamos a empezar de nuevo
la vida tú y yo!

FERNANDA.   Tan loco
ahora como antes cuerdo.
¿Ya no eres viejo?

LEONARDO.   Más joven
que tú… porque adoro y creo
en ti.

FERNANDA.   Se ve, sin embargo,
que eres hombre de otro tiempo.
Sientes el amor romántico
de lo imposible.

LEONARDO.   No. Siento
amor, el amor. El nombre
no más asusta a estos necios
de ahora, víctimas de él
como todos. ¡Si es eterno!
Amor sin traba, ni límite,
ni obligación. Movimiento
de un ser a otro, que arrolla
cuanto se pone por medio.

FERNANDA.   Te emborrachas de palabras.
¡Y aún hablarás con desprecio
de Corbacho!

LEONARDO.   Te suplico
que no lo nombres.

FERNANDA.   En serio,
¿qué te atreves a esperar
de mí, Leonardo?

LEONARDO.   Te ofrezco
mi vida, mi vida entera
¿comprendes, Fernanda?
FERNANDA.   Pero…
¿y Matilde?
LEONARDO.   Asegurada
su fortuna, si la dejo
rica y libre, ella también
sale ganando. Yo puedo
divorciarme. Eso también
es hoy cuestión de dinero.
Basta de mentiras.
FERNANDA.   Basta
de locuras.
LEONARDO.   Los tres hemos
salido en falso en la vida.
¿A qué apurar el tormento
de un camino que nos lleva
a cada paso más lejos
de nuestro gusto? ¿Hay suplicio
más inútil y más necio
que correr a lo que odiamos
y huir de lo que queremos?
FERNANDA.   Es tarde.
LEONARDO.   No. Nunca es tarde
para la verdad.
FERNANDA.   Pues eso
es… que la verdad, ahora
Leonardo… es que no te quiero.
LEONARDO.   Mientes… Te engañas… Perdona.
Entonces ¿para qué has vuelto?
FERNANDA.   Porque no pude pensar
nunca que me hablaras de esto;
por verte feliz, triunfante,

y un poco, te lo confieso,
para que vieras que yo
tampoco salí perdiendo.

LEONARDO. Rencorosa.

FERNANDA. Rencorosa...
¡Quién sabe!

LEONARDO. Pero yo veo
en ese rencor...

FERNANDA. No, calla.
Si es rencor lo que yo siento,
no es a ti, sino al destino,
a la vida, a tu dinero
omnipotente, a tu mundo
cobarde, frío y pequeño,
y a mí misma por no haber
sabido olvidar. No debo
seguir en tu casa. ¡Adiós!

LEONARDO. No, Fernanda.

FERNANDA. Te confieso
que soy mala. Tú lo has dicho:
rencorosa. Hace un momento
yo misma me he sorprendido
animando a ese muñeco
de Corbacho a combatir
tus planes. ¡No tengas miedo!
Corbacho será el de siempre,
el personaje grotesco
de que hablabas, sí, el tribuno
digno de los hombres serios
que sois vosotros. Varones
sesudos, yo os aborrezco.

LEONARDO. Fernanda, ese odio ha sido
amor y volverá a serlo.

FERNANDA. Te engañas, Leonardo; adiós.

LEONARDO.	Eso nunca. Espera. Debo parecerte absurdo. Yo tampoco pensaba en ello hasta que te he visto ahora. Era, sin duda, un incendio oculto de esos que cuando estallan ya no hay remedio.
FERNANDA.	Sé razonable.
LEONARDO.	Imposible. Fernanda, por aquel beso que vi temblar en tus labios un día.
FERNANDA.	No lo recuerdo y basta. *(Con firmeza.)*
LEONARDO.	¡Qué hermosa estás indignada! Escucha.
FERNANDA.	Quieto. *(Separándose de él con violencia.)*

ESCENA VIII

Dichos, Aurora, Jorge, que vienen discutiendo animadamente

AURORA.	*(A Jorge.)* Por tu culpa.
JORGE.	Por la tuya.
AURORA.	Papá…
JORGE.	Fernanda.
AURORA.	¿Qué es esto? ¿Estáis enfadados?
LEONARDO.	No.

FERNANDA.	¿Por qué?...
AURORA.	¡Como estáis tan lejos!...
JORGE.	¡Chica…!

(A Aurora para que no insista.)
(Con temor de haber sido inoportuno.)
Perdón don Leonardo…
Princesa.
(Saliendo respetuosamente.)

FERNANDA.	¿Qué tal el juego?
AURORA.	Perdices.
JORGE.	Aurora…
AURORA.	Fíjese, con esas gafas de cuerno, ¿qué va a hacer el hombre?
JORGE.	Yo he jugado…
AURORA.	Bueno, bueno, a otra cosa, mariposa[69]. ¿Adónde vamos? ¿Qué hacemos?
FERNANDA.	Descansar.
AURORA.	No estoy cansada.
LEONARDO.	Merendar.
AURORA.	Ya lo hemos hecho, y con un hambre de náufragos. ¡Qué bruto, cómo se ha puesto! Doce *sandwichs*, cuatro copas de jerez.
JORGE.	¡Y tú!
AURORA.	Conservo la línea. Un «pepito» sin pan.
JORGE.	Un *bisteck*…

---

[69] *a otra cosa mariposa*: expresión con la que se cierra una conversación o un tema para pasar a otro.

AURORA.	Modesto.
FERNANDA.	Pero volveros a ir...
	(Deseosa de que se queden.)
LEONARDO.	Si ellos tienen gusto, déjalos.
	(Esto lo dice Leonardo deseando que se vayan.)

ESCENA IX

Dichos, Matilde

MATILDE.	*(Deteniendo con un gesto severo a Jorge y a Aurora.)* No. Ya de aquí no se sale hoy más.
LEONARDO.	*(Con disgusto por el tono de Matilde.)* Matilde.
MATILDE.	No quiero. Tú me has dicho que impusiera mi autoridad.
LEONARDO.	En momento oportuno.
MATILDE.	Mientras sea algo en esta casa...
AURORA.	*(Al oído de Jorge.)* Aquí...
JORGE.	¿Qué?
AURORA.	Se masca la tragedia.
MATILDE.	Entrará quien yo disponga.
FERNANDA.	*(Queriendo intervenir a favor de los chicos para disimular lo embarazoso de su situación.)*

	Pero…
MATILDE.	*(Con energía intencionada.)*
	Y saldrá quien yo quiera.
	¿Verdad, Leonardo?
LEONARDO.	No es cosa
	para ponerse tan seria.
	(Esto lo dice muy contrariado por la actitud de Matilde.)
FERNANDA.	Muy bien, Matilde. (Sospecho que nos ha oído.)
LEONARDO.	*(A Fernanda.)*
	Así sea.
FERNANDA.	Denos usted, Jorge Ulloa, noticias…

ESCENA X

Dichos. El general don Bernardino

DON BERNARDINO.	Las traigo frescas
	y gordas yo de la calle.
AURORA.	Papastro.
DON BERNARDINO.	Déjame, nena.
	¡Hola, hijos! ¡Jorge, hola!
	Mi sobrina, mi princesa.
AURORA.	¿Viene del Senado?
DON BERNARDINO.	Vengo
	del infierno. De la puerta
	del Congreso, donde más
	de mil personas se aprietan
	por entrar a ver al hombre
	Corbacho, que hoy charlotea.

AURORA.	De Charlot.
DON BERNARDINO.	¡Qué expectación!
	¿En el Senado? ¡No quedan
	ni los ujieres![70] Yo dije:
	más a gusto y menos cerca
	le oiré en casa de mis hijos
	por la radio.
JORGE.	Ha sido buena
	idea la de radiar
	las sesiones.
DON BERNARDINO.	Buena idea.
FERNANDA.	¿Y durará?
AURORA.	Lo que tarde
	la primer escandalera
	en el Congreso.
FERNANDA.	Y, usted,
	querido tío, ¿qué piensa
	de Corbacho?
DON BERNARDINO.	Yo... pensar...
	Te diré... A mí me molesta
	que un chisgaravís[71] así,
	vamos, que no tiene media
	bofetada, traiga ahora
	la política revuelta
	y en vilo al gobierno.
FERNANDA.	¿Qué
	dice a eso nuestro poeta?
AURORA.	Atrévete.
	(A Jorge.)
JORGE.	¿Yo?
FERNANDA.	Sí.

---

[70] *ujier*: empleado de algunos organismos o tribunales del Estado que lleva a cabo tareas que no requieren especialización.

[71] *chisgaravís*: dícese del individuo informal, entrometido o de poco juicio.

JORGE.	Admiro a Corbacho y su elocuencia envidio; pero no sé, la verdad… cómo se puede con tantas palabras…
AURORA.	Sigue.
JORGE.	Decir algo. El que pretenda hoy imponerse ha de ser, a mi juicio, con ideas y palabras muy sencillas, muy claras y muy concretas, tomadas en el ambiente de la opinión, que es la dueña, al fin y al cabo, de todo.
DON BERNARDINO.	A mí me hace gracia esta juventú ojo de perdiz.
AURORA.	¡Bravo, papastro!
DON BERNARDINO.	Que lleva las gafas desde la cuna, si no es que nace con ellas, no ve tres en un burro. Yo con la ordenanza a secas lo arreglo en un dos por tres. Que gobierne el que gobierna, y el gobernado se deje gobernar sin más protestas[72]. Señor, que el que manda, mande, y el que obedece, obedezca. ¿No está claro?
AURORA.	El agua es tinta

---

[72] En las páginas preliminares hemos retratado a don Bernardino como un personaje sencillo pero ignorante al mismo tiempo. Valga este circunloquio como ejemplo. Recordemos que, dándoselas de hombre culto, el lenguaje empleado no puede ser menos adecuado como, por ejemplo, cuando afirma: «Si leyeras el discurso / de las Letras y las Armas / que *echó* el Quijote».

al lado de tus ideas,
papastro. Y este Jorgito
es la verdadera bestia
tostada, acaramelada.

DON BERNARDINO. No tanto, yo…

AURORA. Y si no fuera
por lo bien que juega al *tennis*,
yo ni le hablaba.

DON BERNARDINO. Locuela.
Pero ya va siendo hora
de oír la sesión.

MATILDE. Ya.

LEONARDO. Deja…
Nos la contarán después

AURORA. No, no.

FERNANDA. La cosa es muy seria.
Ya estarán hablando del
proyecto.

LEONARDO. No me interesa.

FERNANDA. Tu fortuna, acaso…

LEONARDO. *(A Fernanda.)*
Toda,
no la parte que hoy se juega,
con ser mucha, diera por
volver a…

FERNANDA. ¡Chitón![73] Ya suena
la radio.

JORGE. ¿Un aplauso?

MATILDE. ¿Quién?

---

[73] *chitón*: según el Diccionario de Autoridades se trata de un verbo defectivo, que solo se usa en este imperativo, con que se manda que todos callen.

	(Aurorita se ha puesto a la radio con Jorge. Suena, cantando, el pasodoble de Marcial Lalanda[74].)
AURORA.	Es la corrida de Cuenca.
	A ver.
CORBACHO.	*(En la radio siempre.)*
	¡Señores!
AURORA.	Ya está
	el gran Corbacho en el uso
	de la palabra.
JORGE.	El abuso
	de la saliva.
AURORA.	Igual da.
CORBACHO.	Pero, ¡ah, señores!, yo no
	ajusto a tan pobre norma
	mi humilde palabra; yo
	no hice nunca plataforma
	de ajeno interés. Mi lema
	es: en asunto objetivo
	no hay sino el imperativo
	que impone el mismo problema.
	Pero…
FERNANDA.	Ya hay pero[75].
	(Radio.)
CORBACHO.	Señores.
MATILDE.	Hay sensación.
AURORA.	Y rumores.

(Los momentos en que hablan los personajes que están en escena,

---

[74] Al pasodoble aludido *Marcial, eres el más grande,* compuesto al torero Marcial Lalanda (1903-1990) le puso música José María Martín Domingo siendo la letra autoría de su esposa, Josefina Porras.

[75] Obsérvese cómo los autores individualizan a personajes conforme a la manera como utilizan el código lingüístico. En el caso de Román Corbacho, la conjunción adversativa adquiere una marca igualmente de su carácter.

como indica el texto, coinciden con rumores más o menos pronunciados en el aparato.)
(Radio.)

CORBACHO. Ante los innumerables peligros imprevisibles enemigos invisibles factores imponderables…
(En la radio.)

PRESIDENTE. Suplico a su señoría brevedad.
(Radio.)

CUETO.   Gracias.
(Risas muy acentuadas, porque es un diputado quien agradece en nombre de la cámara la súplica del presidente.)

JORGE.   Es Cueto. Da las gracias.

MATILDE.   ¡Qué ironía!

CUETO. Estamos en el secreto.
(En la radio se oyen murmullos, rumores y risas.)
(Aurora ha manipulado en el aparato.)

DON BERNARDINO. ¿Ya empieza la algarabía?

RADIO. *(Música confusa.)*

LEONARDO. ¿Qué pasa?

RADIO.   «Del matador…

LEONARDO. Ese aparato…

AURORA.   Perdona.
(Volviendo a encontrar la onda de Madrid.)
Lo he pasado a Barcelona

	sin querer… Ya está.
	(Radio.)
CORBACHO.	El clamor
	de una atrevida ignorancia;
	la voz de la incompetencia,
	no me inquietan.
	(Dominando el tumulto de la cámara.)
MATILDE.	*(Aparte.)*
	¡Qué arrogancia!
	(Radio.)
PRESIDENTE.	Suplico más indulgencia
	para sus contradictores,
	más mesura al replicar.
CORBACHO.	*(Porque arrecian de firme los murmullos.)*
	Ni los perros ladradores
	me han de impedir cabalgar.
	(Radio.)
VOZ EN LA TRIBUNA.	¡Bravo!
	(Radio.)
PRESIDENTE.	Silencio o despejo
	la tribuna.
	(La voz del presidente de la Cámara va siempre acompañada de campanillazos.)
AURORA.	¿Hay hule?
	(Radio.)
VOZ.	¡Ahí duele!
PRESIDENTE.	Silencio.
	(Fuertes campanillazos.)
DON BERNARDINO.	Huele[76]

---

[76] Estos juegos de palabras basados en la paronomasia son muy del gusto de los dramaturgos sevillanos. Recordemos en *Juan de Mañara* el *cincuenta* de doña Casilda con el *sin cuenta* de

	a hecatombe.
	(Radio.)
CORBACHO.	Yo no cejo
	ni cejaré en mi campaña
	por flaqueza o cobardía;
	solo el interés de España
	¿entiende su señoría?
	puede frenarme.
	(Radio.)
CUETO.	Entendido,
	señor Corbacho, adelante.
	(Radio.)
CORBACHO.	Mi conciencia es mi partido.
MATILDE.	Ya salió aquello.
LEONARDO.	*(Aparte.)*
	(Farsante.)
	(Radio.)
CORBACHO.	Yo soy yo…
CUETO.	*(Grandes rumores contradictorios en la radio.)*
	Lo hemos oído.
MATILDE.	¿Protestas?
JORGE.	Risas, palmadas.
AURORA.	¡Cueto es grande! ¡Qué guasón!
JORGE.	¡Qué salidas más saladas
	tiene Cueto!
DON BERNARDINO.	¡Gran bribón!
CORBACHO.	*(En la radio, con voz que domina el tumulto.)*
	No me asusta ese aluvión
	de risas y de improperios

---

don Gil (Acto III, Escena I). En *La Lola se va a los puertos*, a propósito de salir el nombre de González Bayas, don Narciso no desaprovecha la ocasión para hacer un juego de palabras: «¿Cuando tú tomas la trúpita / te desbyas o te desvayas / de la línea recta» (Acto II, Escena VI).

que temporales más serios
he sabido capear,
nauta[77] experto, sin temblar.
Impasible, inalterable
bajo el turbión, peregrino
del ideal.

MATILDE. ¡Admirable!

(Radio.)

CORBACHO. He de seguir mi camino,
ceñido el impermeable
de mi deber.

JORGE. ¡Sensación!

MATILDE. ¡Qué elocuencia!...

AURORA. Es un exprés
a toda marcha.

JORGE. Ya es
dueño de la situación.

DON BERNARDINO. ¡Dueño! ¡Pavía, Pavía!

(Gesticulando.)

(Radio.)

CORBACHO. Y habéis de oírme, señores
ministros de Economía
y de Fomento.

JORGE. ¿Rumores?

AURORA. Sí.

(Radio.)

CORBACHO. Y el señor presidente
del Consejo. ¿No sentís
palpitar en el ambiente
la indignación del país?
¿No veis que esa concesión
de la riqueza minera
tiene enfrente la opinión…

---

[77] *nauta*: marinero.

	(Radio.)
VOZ EN LA TRIBUNA.	¡Bien dicho!
	(Radio.)
CORBACHO.	de España entera?
	(Radio.)
PRESIDENTE.	No olvide su señoría…
MATILDE.	¿Es el Presidente?
JORGE.	Sí.
	(Radio.)
PRESIDENTE.	Que esa opinión está aquí.
DON BERNARDINO.	Déjeme usted que me ría.
	(Radio.)
CORBACHO.	Representada, es verdad,
	señor marqués del Sahumerio;
	y al exponer mi criterio,
	fiando en la honestidad
	de la cámara, confío
	en que España –el Parlamento…
DON BERNARDINO.	¿Pero qué dice este tío?
	(Radio.)
CORBACHO.	Me otorgue su asentimiento.
	Y prosigo. ¿No sabéis
	que tras el concesionario
	se oculta un grupo bancario
	que subarrienda? ¿Que hacéis
	al capital extranjero
	dueño y señor? ¿Dónde vais?
	O, mejor; ¿dónde lleváis
	a España? Al derrumbadero.
VOCES EN LA TRIBUNA.	¡Bravo! ¡Muy bien!
	(Grandes aplausos.)
AURORA.	¡Ovación!
LEONARDO.	(Canalla.)
FERNANDA.	*(A Leonardo, para tranquilizarle.)*

	Ya vendrá el pero.
	(Radio.)
CORBACHO.	Esquilmáis a la nación,
	amamantáis los chacales
	del agio[78] y la explotación
	en sus ubres minerales.
	Entregáis al patrio suelo
	como don Opas traidor,
	y hasta vendéis el subsuelo
	que es muchísimo peor.
	(Gran escándalo en la cámara, que termina, como indica el texto, en verdadera batalla.)
VOCES.	¡Bravo!
PRESIDENTE.	Silencio, señores.
	(Grandes campanillazos.)
	(Radio.)
VOCES.	¡Viva Corbacho! ¡Traidores!
	(Radio.)
PRESIDENTE.	Despejen esa tribuna.
	(Radio.)
VOCES.	¡Muera! ¡Fuera! ¡Abajo!
	(Radio.)
VOZ DIPUTADO.	Es una
	iniquidad[79].
	(Radio.)
VOZ DIPUTADO.	No consiento…
	(Radio.)
VOZ DIPUTADO.	¡Chantagista!
JORGE.	¡Vaya lío!
	(Radio.)

---

[78] *agio*: especulación con el cambio de moneda, con los valores de bolsa o sobre los fondos públicos.
[79] *iniquidad*: injusticia o gran maldad en el modo de obrar.

VOZ DIPUTADO.	Su señoría, un jumento vendido al oro judío.
	(Radio.)
PRESIDENTE.	¡Orden!
AURORA.	Ya escampa.
	(Radio.)
PRESIDENTE.	Pensad que es la octava campanilla que rompo.
	(Radio.)
VOZ.	¡Qué atrocidad!
DON BERNARDINO.	¡Barata va la morcilla!
VOCES.	¡Muera! ¡Abajo! ¡Dimisión! ¡Viva Corbacho!
PRESIDENTE.	Señores, se levanta la sesión.
VOCES.	¡Mueran los explotadores!
	(El aparato de la radio enmudece súbitamente.)
JORGE.	Cortaron.
DON BERNARDINO.	Esto será la caída del Gobierno.
JORGE.	*Knock-out*[80].
AURORA.	No lo creo; por puntos. Si Corbacho llega al *pero...*
JORGE.	Por una vez no ha llegado.
DON BERNARDINO.	Yo monto a caballo. Esto no se puede tolerar.
	(Gesticulando indignado.) Leonardo.
LEONARDO.	¿Qué?
DON BERNARDINO.	Es el momento.
LEONARDO.	*(Contestándole maquinalmente.)*

---

[80] *knock-out*: expresión inglesa que significa «fuera de combate».

	¿De qué?
DON BERNARDINO.	De salvar a España[81].
	¿No recuerdas?
LEONARDO.	Sí, recuerdo.
FERNANDA.	*(A Leonardo.)*
	¿La ruina?
LEONARDO.	La ruina
	acaso.
FERNANDA.	Cuanto yo tengo
	es tuyo.
LEONARDO.	Gracias, Fernanda.
FERNANDA.	¿Aceptas?
LEONARDO.	No.
FERNANDA.	Te lo ofrezco
	con el corazón.
LEONARDO.	Yo con
	el corazón me contento.
MATILDE.	Románticos.
LEONARDO.	Tu fortuna
	no ha corrido el menor riesgo.
	Ahora eres la rica tú.
MATILDE.	¿De veras? Del mal el menos.
JORGE.	Don Leonardo.
LEONARDO.	¿Qué?
JORGE.	Mi padre
	vendrá a visitarle luego,
	y a pedirle para mí
	la mano de Aurora.
AURORA.	Pero
	¿cómo sabes tú que yo
	voy a estar conforme?

---

[81] Rosa Sanmartín ve en la figura de don Bernardino el reflejo del general primo de Rivera (SANMARTÍN, R., op. cit., p. 146). Por su parte, Miguel Á. Baamonde (op. cit., p. 132), identifica en Corbacho a los epígonos de Emilio Castelar, uno de los cuatro presidentes de la I República española.

JORGE.	El crédito de mi padre sostendrá el del tuyo ahora, luego, pasado el peligro, se hace lo que quieras.
AURORA.	Dame un beso.
JORGE.	Aurora…
AURORA.	*(Sin dejarle acabar.)* Porque eres tonto, pero eres un rato bueno.
MATILDE.	¿Qué hacéis?
AURORA.	¿No lo veis? Besarnos.
MATILDE.	¿Por qué?
AURORA.	Porque nos queremos. *(Se oyen voces en la calle que gritan.)*
VOZ.	¡Que viva Corbacho!
OTRA.	¡Viva!
OTRA.	¡Viva el salvador del pueblo!

TELÓN

ACTO TERCERO

Rincón del hall *de un gran hotel en Biarritz. Vistas al mar*

ESCENA PRIMERA

AURORA y JORGE

*(Al comenzar la escena el tono del diálogo es de una discusión
ya comenzada.)*

AURORA.   ¡No estoy conforme!
JORGE.   Yo, sí.
                 Tus teorías…
AURORA.   ¡Qué teorías
         ni qué!... Esas cosas se hacen,
         no se piensan.
JORGE.   Pero, mira.
         Escucha. No, no –entendámonos–
         si tú, Aurora…

ESCENA II

Dichos y un criado

CRIADO.   Señorita,
         ¿me ha llamado?
AURORA.   Te he llamado,
         –espera– para que digas
         a José que nos prepare

	el coche.
CRIADO.	Voy en seguida.

(Vase.)

ESCENA III

Dichos, menos el criado

AURORA.	Hace tres meses que estamos casados…. Bueno, pues mira; si tú mañana te fueras con otra…
JORGE.	Calla, chiquilla.
AURORA.	Si tú te fueras mañana con otra, yo pensaría mal de ti. Pero de mí, mucho peor.
JORGE.	¡Pobrecilla Matilde! Va a resultar que es la culpable, la víctima. Pero, en fin, para nosotros la situación es ambigua, por lo menos.
AURORA.	¡Bah!, aceptando su versión del caso… *(Confiada en que su padre sabrá justificar su situación y salvar las apariencias.)*
JORGE.	Chica, es que ella no disimula ni tanto así.
AURORA.	Tonterías,

	figuraciones.
JORGE.	De acuerdo:
	si es la única salida.
	Pero, inter nos, ¡qué tupé
	el de la famosa prima!
	Pues, tu padre…
AURORA.	A gato viejo,
	rata tierna[82].
JORGE.	Lo arruina,
	lo enloquece, lo separa
	de su esposa y su familia.
	Porque… el famoso viaje
	a Yugoeslavia y a Hungría
	para negocios, ya estamos
	viendo lo que era. De Niza
	vienen los dos.
AURORA.	¿Cómo sabes?...
JORGE.	Las etiquetas las mismas,
	los equipajes…
AURORA.	No tienes
	precio para policía.
JORGE.	Un viaje de novios. De
	luna de miel.
AURORA.	O de acíbar[83].
	Conozco a mi padre. Poco
	le duran las fantasías.
JORGE.	Pero esa mujer… ¡No! ¡Vaya!
	si hasta la misma política
	española trastornó
	en los quince o veinte días
	que estuvo en Madrid. Corbacho,

---

[82] Refrán para referir a las parejas conformadas por un hombre maduro y una mujer notablemente más joven que él.

[83] Jugo muy amargo de la planta tropical del mismo nombre, que se emplea en medicina.

por darle gusto, derriba
el gabinete de Arias,
con la famosa filípica[84],
que arruinó a tu padre, contra
el monopolio de minas.
La reacción, que entre nosotros,
siempre a la acción se anticipa,
trajo el gobierno de fuerza
que el papastro comandita
con su inmaculado sable[85];
Corbacho apela a la huida,
y aunque nadie le persigue,
ancla en París y conspira
en la extrema demagogia.
Y ahora está…

AURORA.   En Biarritz.

JORGE.   ¡Chiquilla!
        ¿Aquí?

AURORA.   Aquí mismo.

JORGE.   Imposible.
        ¿Lo has visto?

AURORA. *(Señalándole un periódico francés que está sobre la mesa.)*
                        Lee esta noticia.

JORGE. *(Leyendo el periódico que le ha indicado Aurora.)*
        La politique espagnole.
        Monsieur Corbacho –¡Qué risa!–
        vient de faire à l'un de nos
        redacteurs… Razón tenías.

AURORA. Lee en español o comenta

---

[84] *filípica*: represión extensa y dura dirigida contra alguien.
[85] Son varias las alusiones al estado político del régimen anterior a la II República. Este es un buen ejemplo.

en francés. La mezcla híbrida
de los dos idiomas no
es agradable ni artística.

JORGE. *(Traduciendo ya al español lo que dice*
el periódico francés.)
«Este viaje a Biarritz
del gran orador tendría
por objeto, según nuestros
informes, una entrevista
arreglada en la frontera
por sumidades adictas
a la situación, que tratan
de atraer a su política
a M. Corbacho. El cual,
parece que aceptaría
la cartera de Finanzas,
a la condición estricta,
de disponer de las de
Fomento y Economía
para sus amigos. Damos
aquí sus palabras mismas:
(Cambiando de tono.)
En todo caso, el gobierno
de mi país no tendría
que temer de mí ninguna
maquinación subversiva.
Estoy donde estaba. Pero
yo he siempre puesto por cima
de mis ideas, la patria,
y si ella me necesita,
dispuesto a sacrificarle
estoy mi historia y mi vida».
Conque, si le dan las tres
carteras…

AURORA.	Se sacrifica.
	¿Qué piensas?
JORGE.	Echo de menos
	la paz de nuestra casita.
	¿Y tú?
AURORA.	Yo también.
JORGE.	¿Nos vamos,
	Aurora?
AURORA.	Esta noche misma.
JORGE.	¿Sin despedirnos?
AURORA.	En Francia…
JORGE.	Ya, ya. Es verdad.
AURORA.	No se estila.

ESCENA IV

Dichos, Leonardo

LEONARDO.	*(Disimulando la contrariedad del encuentro.)*
	¡Conque…vosotros!
AURORA.	*(Disimulando también.)* Nosotros.
LEONARDO.	¿Contentos?
JORGE.	Radiantes.
LEONARDO.	¡Bravo!...
	¡pero qué… grata sorpresa!
AURORA.	¿Y tú, papá?
LEONARDO.	¡Si no salgo
	de mi asombro!...
	(Contestando a la pregunta de su hija.)
	Yo bien… bien…
	¡Vaya!... Un poco fatigado.

Los viajes... ¿No sabéis
de dónde vengo?... Del Cairo.
Estuve en Hungría, en Servia,
en Egipto. Desembarco
antes de ayer en Marsella,
y a las primeras de cambio
me tropiezo con Fernanda.
–¿Vas a Biarritz?– Te acompaño.
Y aquí vosotros... El mundo
es un pañuelo.

AURORA.   Doblado.

(Aprovechan todos para reírse,
disimulando cada uno lo violento de la
situación.)
¡Vaya!

LEONARDO.   ¡Qué bien!... ¿Y hace mucho
que estáis aquí?

AURORA.   Nos marchamos
esta misma noche.

LEONARDO.   ¿Adónde?

AURORA.   A casita.

LEONARDO.   ¿Cómo?

AURORA.   En auto.
Y tú con nosotros.

LEONARDO.   ¡Ay!
de buena gana, muchachos,
pero es imposible.

AURORA.   No
te conozco.

LEONARDO.   Tengo aún varios
asuntos que arreglar
antes de volver.

AURORA.   Dejarlos.

LEONARDO.   Antes venían a mí

los negocios, ahora, en cambio,
he de correr yo tras ellos.
Menos mal que los alcanzo.
Tú, Jorge, ¿verás mañana
a tu padre?

JORGE.   Sí, en llegando
a Madrid.

LEONARDO.   Vas a decirle
—yo ya le he telegrafiado
y le escribiré en seguida;
pero así vamos ganando
tiempo— que cuente conmigo
en el asunto del salto
de Valjunquera; que tengo
sobre eso un proyecto magno;
que el 20 por 100 del
capital desembolsado
lo aporto yo; que he hecho ahora
un gran negocio en los cambios.
Las libras que yo tenía…

AURORA.   Agiotista…[86]
LEONARDO.   En todo caso,
ha sido en favor de España;
porque las libras bajaron
como consecuencia de
vender las mías, comprando
pesetas. Por patriotismo
pude perder… y he ganado.
Porque las libras me dieron
doble de lo que costaron
hace ocho meses.

---

[86] *agiotista*: persona que se emplea en la especulación con fondos públicos.

AURORA.   Papá.
Vuélvete a Madrid.

LEONARDO.   *(Sin disimular el agrado con que
piensa en su regreso a Madrid.)*
                                        ¡Hay tanto
que hacer allí!

AURORA.   Todo el mundo
te espera. Tienes guardado
tu sitio.

JORGE.   Mi padre…

LEONARDO.   Nunca
podré agradecerle…

JORGE.   ¡Vamos!
Él lo admira a usted y sabe
que si usted quiere…

LEONARDO.   *(Halagado.)*
                                        ¡Oh!, acaso…

AURORA.   Matilde…

LEONARDO.   *(Inquieto.)*
                                Matilde.

AURORA.   *(Para tranquilizarlo.)*
                                        Desde
que han hecho duque al papastro,
encantada. Aún estará
en San Sebastián. Al paso
la recogemos… Anímate.

LEONARDO.   En serio, aún no… sin embargo,
yo espero que pronto…

AURORA.   ¿Entonces
te quedas?

LEONARDO.   Mañana salgo.

AURORA.   ¿Para dónde?

LEONARDO.   Para Londres.

AURORA.   ¿Solo?

LEONARDO.	Yo solo. Sí… claro.
AURORA.	Digo si vas solamente a Londres.
LEONARDO.	¡Ah!... sí (¡Diablo de chica!) Y de allí a Madrid, cuando pueda. Si no caigo al mar como Lowestein.
AURORA.	Aquel iba acompañado.
LEONARDO.	Supongo que no os iréis, ¡eh!, sin haber saludado a Fernanda. Ocupa el piso principal.
AURORA.	Bien.
LEONARDO.	Yo, aquí abajo; una habitación al mar. Es muy pequeña y me salgo a repasar mi correo a este rincón solitario del hotel, donde a estas horas nadie viene.
AURORA.	Te dejamos para que sea verdad tanta belleza. Al marcharnos vendremos a despedirnos, a decirte adiós o vámonos.
LEONARDO.	Adiós, señores de Ulloa.
AURORA.	Hasta luego, don Leonardo.

ESCENA V

Leonardo solo, repasando papeles de negocios[87]

LEONARDO.　　Estos saben. ¡Bah! Después
de todo, son los muchachos
discretos. Nosotros sí
que no lo somos.
*(Mirando al reloj y expresando una
preocupación creciente por los
negocios.)*
　　　　　　　　Temprano.
El barón hasta las cinco…
¡Sí! El negocio de los saltos
de agua… Pero, como base
para un asunto más vasto.
Trust[88] de electrificación
general…
*(Como conversando con el barón
Mayer.)*
　　　　　　¿Caro?... ¡No es caro!
No es dinero que se expone:
se adelanta… En todo caso,
solo con Ulloa... Pero
comprenda, Mayer. No estamos
en los tiempos de Samuel
Levi. ¿Por anticipado?

---

[87] Este monólogo da sentido a uno de los principios del manifiesto teatral de los Machado, para quienes el monólogo era uno de los recursos que apuntaban a la renovación del teatro: «[…] el monólogo revela estados más hondos de conciencia que el diálogo. Porque cuanto un hombre se dice a sí mismo guarda más estrecha relación con su conducta y, por ende, con la acción dramática que cuanto dice a su prójimo». En: MACHADO, M. y A. "Los autores pintados por sí mismos", op. cit.

[88] *trust*: asociación financiera de grandes industriales que trata de monopolizar una determinada industria.

Terrenos que valen más
que cuestan. Entienda, ¡claro!
¿El gobierno? Yo respondo.
¡No! No todos son Corbachos.
Y aun aquel... Pero si estoy
hablando solo, ¡cuidado!
*(Volviendo al tema de su
preocupación, no obstante haber
reparado en ella.)*
Comunicaciones, fábricas,
transportes... ¡Todo en la mano!

ESCENA VI

*Leonardo, Fernanda, que se aproxima cautelosamente y que
poniéndole las manos ante los ojos le dice*

FERNANDA.   ¡Cu, cu!
LEONARDO.   *(Malhumorado.)*
                          ¡Qué cucú! ni qué...
FERNANDA.   Leonardo.
LEONARDO.   Perdón. Creía
que era Aurora.
FERNANDA.   ¡Aurora!
LEONARDO.   Sí.
FERNANDA.   ¿Has hablado con tu hija?
LEONARDO.   Y con Jorge. Les he dicho
–ellos irán en seguida
a saludarte– que te
hallé en Marsella.
FERNANDA.   Mentira
inútil, tarde o temprano

sabrán…

LEONARDO.   Sí… Pero sería
violento ahora…

FERNANDA.   ¿Me niegas?

LEONARDO. Fernanda, pero tú misma
¿no comprendes la violencia
de esta situación, no miras
que la locura en nosotros?...

FERNANDA. Habernos quedado en Niza.

LEONARDO. Imposible. El barón Mayer
me tenía dada cita
hoy aquí.

FERNANDA.   Nada me has dicho.

LEONARDO. ¿Pensaste que te traía
por capricho hasta Biarritz?

FERNANDA. No pensé nada. Sencilla-
mente. Tú dijiste: vamos,
y te seguí.

LEONARDO.   Dulce amiga…
perdona, pero…

FERNANDA.   Leonardo,
¿a qué viene esa entrevista
con Mayer? ¿Qué nos importa
de esa gente?

LEONARDO.   Me creían
fracasado.

FERNANDA.   Pero…

LEONARDO.   Ahora
verán que no hay más remedio
que contar conmigo. Es cosa
resuelta.

FERNANDA.   Lo que tenemos
resuelto es ir a Mallorca
tú y yo a pasar el invierno

	que comienza.
LEONARDO.	No se toman
	resoluciones así…
	tan en firme y tan…
FERNANDA.	……
LEONARDO.	Si estorban
	asuntos serios.
FERNANDA.	Leonardo.
LEONARDO.	Tiempo quedará, y de sobra,
	para hacer ese viaje
	a la Cartuja famosa.
	De recordar el idilio
	del músico y la escritora[89];
	que, por cierto, fue la última
	página de aquella historia
	de amor romántico.
FERNANDA.	Escucha,
	Leonardo… Dame esas hojas,
	esas cartas.
LEONARDO.	¿Para qué,
	nena?
FERNANDA.	Para que las rompa;
	y en cambio yo te daré
	un beso. ¿Conformes?
LEONARDO.	Loca.
	Un beso y mil: ¿pero a qué
	destruir esas pobres notas
	de negocios?
FERNANDA.	Ellas son
	mis rivales.

---

[89] Se refiere a la cartuja de Valldemosa donde el pianista polaco Fréderic Chopin vivió un invierno con la escritora George Sand.

LEONARDO.   Entre todas
no hallarás siquiera el nombre
de una mujer.

FERNANDA.   ¡Qué me importan
las mujeres!

LEONARDO.   Pero…

FERNANDA.   Donde
hay una mujer hay otra.
Cabe luchar. La presencia
del enemigo conforta
y excita. Lo que yo temo
es esa corriente sorda
y oculta que te separa
de mí, sin que lo conozcas
tú mismo. Tu afán de siempre
por los negocios…

LEONARDO.   No es cosa
por quererte, de dejar
de ser quien soy.

FERNANDA.   Mas…

LEONARDO.   No logras
convertirme en un muñeco,
Fernanda. Tu maniobra
con Corbacho estuvo a punto
de arruinar…

FERNANDA.   Me lo reprochas
sin razón.

LEONARDO.   ¡Bah…!

FERNANDA.   Y mi fortuna
es tuya.

LEONARDO.   Salvé la propia,
por suerte. Un poco mermada,
es cierto, sí. Pero, ahora,
voy a desquitarme.

FERNANDA.	No.
	Mira, tenemos de sobra.
LEONARDO.	Tenemos…
FERNANDA.	Sí.
LEONARDO.	Pero tú

¿piensas que la vida toda
es el amor? Francamente,
¿me concibes tú sin otra
personalidad que la
de amante?

FERNANDA.   Sí, nuestra obra
es nuestro amor. Esa vida
no nos ha dado, hasta ahora,
más verdad que la que late
entre nosotros. Borrosa
y turbia aún, pero llena
de promesas. No estoy loca.
Ya sé que una vida es bella
que se abre con el amor
y con la ambición se cierra.
En nosotros ha ocurrido
lo contrario. La primera
juventud nos dio el poder,
el oro, toda la fuerza
codiciable. Y nos negó
el amor. Ahora que llega,
no lo matemos, Leonardo;
tregua en ambiciones, tregua
de afanes, que no se apague
esta llamita pequeña.
Yo tampoco estoy segura
de mí. Me falta ya esa
divina locura que
hace de toda la tierra

un mero paisaje en torno
de dos seres que se estrechan
enamorados. Leonardo,
ayúdame a que no muera
esta ilusión, es la última
tal vez y fue la primera
entre nosotros.

LEONARDO.   Y la
única, ¿quién te lo niega?
Pero tú misma conoces
que aun siendo cosa tan buena
el amor, no basta él solo
para llenar la existencia,
si pensamos…

FERNANDA.   No pensemos.

LEONARDO.   Si se mira…

FERNANDA.   La fe es ciega.
Pero… pensando en la vida
¿por qué no en la vida nueva
que edificaremos sobre
el cariño?

LEONARDO.   ¡Ay, no se empieza
dos veces…! Con todo… ya…

FERNANDA.   Tú te has arrancado a aquella
vida de mentira y farsa,
de lucha infecunda y fea.
Del hogar frío, el amigo
falso…, la mujer coqueta
o incomprensiva, el negocio
que te duele en la conciencia
si se gana, y si se pierde,
en el bolsillo. No quieras
volver a aquello, Leonardo.

LEONARDO.   Difícil va a ser que vuelva,

	por ahora, al menos.
FERNANDA.	……
LEONARDO.	Matilde

no se engaña sobre nuestra
escapatoria. Un viaje
de negocios no cohonesta[90]
cuatro meses de abandono
total… sin correspondencia…
Mi suegro –que hoy tiene mano
con la gente que gobierna–
habrá hecho causa común,
naturalmente, con ella…
Hasta Corbacho, con quien
el gobierno coquetea…
todos son mis enemigos.

FERNANDA. Yo te quiero.

LEONARDO. Es una pena…

FERNANDA. Leonardo…

LEONARDO. No. No por ellos,
por la ocasión, que se vuelvan
los triunfos cartas falsas
en mi mano. Si se hicieran
las cosas dos veces… ¡Bah,
a lo hecho, pecho!

FERNANDA. ¿Te pesa?

LEONARDO. Pesarme, no… Pero… En fin.
(Mirando el reloj.)

FERNANDA. No mires la hora. Deja
esa entrevista con Mayer.

LEONARDO. No.

FERNANDA. Al menos, hasta la vuelta
de nuestro viaje a Palma.
Para entonces… si aún te acuerdas.

---

[90] *cohonesta*: dar apariencia de justa o razonable una acción que no lo es.

LEONARDO.	¡Qué disparate! He venido para verle y él me espera a las cinco; faltan tres *(Vuelve a mirar el reloj.)* minutos. Es aquí cerca su villa. Volveré pronto. Adiós.
FERNANDA.	No vayas.
LEONARDO.	¡Qué necia tenacidad!
FERNANDA.	Mira que es mucho lo que se juega en este instante, Leonardo, que es nuestro cariño.
LEONARDO.	¡Ah!, deja.
FERNANDA.	Oye.
LEONARDO.	Ya te he dicho que volveré pronto.
FERNANDA.	¡No vuelvas!

ESCENA VII

Dichos, criado y Corbacho en la puerta

CORBACHO.	¿El señor marqués de Oncala ha venido?
CRIADO.	Hace un momento su equipaje. Lo esperamos, señor.
CORBACHO.	Yo también lo espero. *(Vase el criado.)*

ESCENA VIII

Fernanda, Corbacho

FERNANDA.   ¡Oh, el ilustre expatriado!
CORBACHO.   Señora, ¡cuánto celebro
encontrarla! Su presencia
hace inocuo[91] mi destierro.
FERNANDA.   Destierro que es antesala
del poder…
CORBACHO.   No prejuzguemos.
Los tiempos que corren son
difíciles y complejos.
Nadie vaticine, nadie
augure el mañana incierto.
Yo solo afirmo que estoy
donde estaba, y en mi puesto,
sin impaciencias, Fernanda,
aguardo acontecimientos.
No adulo en altas esferas;
ni ansío el poder, *empero*,
si España me necesita…
FERNANDA.   Pues, ¿quién lo duda?
CORBACHO.   Yo acepto
el sacrificio; pues que
gobernar en turbios tiempos
es jugarse honor y fama
contra menguado provecho.
Mas, ¡oh, musa inspiradora,
bella Fernanda!...
FERNANDA.   Protesto,
señor Corbacho.

---

[91] *inocuo*: que no hace daño físico o moral.

CORBACHO.

(Recordando asustada la hazaña de Corbacho en el Congreso.) Moderna
Cleopatra, y mayor anzuelo
de próceres que la trágica
viuda de Ptolomeo[92].
Princesa Rosenska, usted
manda con sus ojos negros.
Yo pongo a sus pies el libro
de la historia.

FERNANDA.   ¡Tanto!

CORBACHO.   Abierto
por una página en blanco.
Usted dictará. ¿Gobierno
de extrema derecha? Yo
no entro en él, mas lo aconsejo
a Su Majestad. A base
de Endrina, Tizón y Cuervo,
se puede formar. Oncala
lo apoya: yo… lo consiento.

FERNANDA.   ¡Bien, Corbacho!

CORBACHO.   ¿Gabinete
de una izquierda casi centro,
y centro casi derecha
y derecha casi cero?
Se puede formar.

FERNANDA.   ¿Preside?

CORBACHO.   ¡Claro! El marqués de Sahumerio.

---

[92] Miembro de una antigua dinastía griega que se había apoderado de Egipto en el 305 a.C., la legendaria faraona egipcia es conocida por utilizar su astucia política y su encanto para hacerse con el poder. Aunque Julio César era treinta años mayor que ella y estaba casado, Cleopatra mantuvo una relación sentimental con el político y militar romano hasta el asesinato de este por parte de miembros del Senado. Por otro lado, cuando Berenice de Cirene enviudó de Ptolomeo, reinó sola extendiendo sus dominios.

	A ese gabinete yo
	pido Instrucción y Fomento
	para dos amigos.
FERNANDA.	¡Hola!
CORBACHO.	Don Jaime Estorbalonegro
	va a Instrucción, está indicado
	para Instrucción por lo menos;
	para Fomento el vizconde
	de Llantas de Carroviejo.
	¿Un gabinete de izquierda
	liberal, que mire al pueblo
	y haga política de
	realidades, oído atento
	al latir de la opinión
	y al palpitar de los tiempos,
	previsor para el futuro,
	sin olvidar lo pretérito?
	Yo lo presido. ¿Programa?
	Claro, sencillo, concreto.
	Lo expuse en Vitigudino
	y en Alcañiz[93]. A él me atengo.
	Ni utopías ni quimeras,
	sino eficacias. Primero:
	España; la agropecuaria
	España, es decir, el suelo.
	Segundo: España de cobre,
	cinabrio, carbón y hierro,
	patria mineral; y España
	del espíritu, tercero.
	Con este programa iría
	a gobernar.
FERNANDA.	¡Bravo! ¡Espléndido,

---

[93] Vitigudino es un municipio de la provincia de Salamanca. Alcañiz lo es de la provincia de Teruel.

	magnífico! Y para Hacienda ¿no hay candidato?
CORBACHO.	No tengo pensado aún… Es decir, hay uno, que me reservo.
FERNANDA.	¿Y él consentiría?
CORBACHO.	Acaso. Ordene usted… y veremos.
FERNANDA.	¿Hay condición?
CORBACHO.	Una sola: su amor.
FERNANDA.	¿No lo deja en menos? ¿O es precio fijo?
CORBACHO.	Fernanda, no se burle. Solo quiero… ¿qué menos puede un amante pedir?
FERNANDA.	Hable usted sin miedo. ¿Que deje a Leonardo?
CORBACHO.	¡Claro!
FERNANDA.	Ya hay base para un acuerdo futuro. Y usted, Román, ¿sabría cumplir *sin peros* su promesa?
CORBACHO.	Nunca tuve más que una palabra.
FERNANDA.	Egregio Corbacho, si el caso llega de aceptar su ofrecimiento, cumpliré la condición que usted me impone. ¿De acuerdo?
CORBACHO.	¡Maravillosa Fernanda!
FERNANDA.	¡Inmenso Román, silencio!...

ESCENA IX

Dichos, Matilde, don Bernardino

FERNANDA.	¡Ah!
DON BERNARDINO.	¡Ah!... Sobrina.
CORBACHO.	General.

(Corbacho mira al general con desconfianza que pretende disimular.)

DON BERNARDINO. Por usted vengo, Corbacho. ¿Le extraña a usted?

CORBACHO. No. Ni mucho menos; lo estaba esperando. Yo espero, siempre en mi sitio.

DON BERNARDINO. Sí, sí... en su lugar descanso. Pues ahora, marchen. *(A Fernanda.)* Sobrina, tenemos que hablar muy largo tú y yo.

FERNANDA. A sus órdenes.

DON BERNARDINO. *(Entregando a Corbacho una carta.)* Lea usted esa carta...[94] *(A Fernanda.)* ¿Y Leonardo?

CORBACHO. Con su permiso.

---

[94] Un elemento que entronca con la tradición teatral española es la inclusión de cartas que de manera inesperada desentrañan la verdad de la intriga. Ocurre igualmente en *Julianillo Valcárcel o desdichas de la fortuna, Las adelfas, La duquesa de Benamejí.* En *La Lola se va a los puertos* será un telegrama. Vid. SÁNCHEZ DUEÑAS, Blas. "La tradición teatral clásica en la producción escénica machadiana". En: *Tonos digital: revista de estudios filológicos,* n. 23, 2012.

	(Leyendo.)
FERNANDA.	Ha venido, según me dijo, llamado por el barón Mayer, para hablar de negocios.
DON BERNARDINO.	*(Muy satisfecho a Matilde.)* ¡Claro! ¿Lo ves, Matilde? Pues, nada, quédate tú aquí esperándole con Fernanda.
CORBACHO.	*(Después de haber leído.)* ¿Esa persona está en Biarritz?
DON BERNARDINO.	Ha llegado de incógnito riguroso, y vuelve a irse en hablando con usted. De modo que está y no está para el caso…
CORBACHO.	Pues vamos a verlo al punto… Digo… *(Con desconfianza.)*
DON BERNARDINO.	¡Hombre, aquí no hay cuidado!
CORBACHO.	Bien… Pero el gobierno…
DON BERNARDINO.	Acepta sus condiciones. En cambio, ahora sabrá usted las que se le imponen.
CORBACHO.	Yo me allano por la patria y por…
DON BERNARDINO.	Sí, sí.
CORBACHO.	*Pero…*
DON BERNARDINO.	Qué *pero* ¡canastos!
CORBACHO.	Volveré con el escudo, o sobre el escudo.

DON BERNARDINO.	Andando.

ESCENA X

Fernanda, Matilde

FERNANDA.	*(Comprendiendo la violencia de la situación, va derecha al asunto decidida a todo.)* Y ahora, nosotras.
MATILDE.	*(Agresiva; pero en mujer de mundo que no quiere manifestar su angustia por resolver la situación.)* ¿Nosotras? ¡qué mal me suena!
FERNANDA.	*(Irritada y cortante rápida, deseando llegar al fin.)* Es posible… Ya te irás acostumbrando.
MATILDE.	¡Nunca!
FERNANDA.	¡Bah!
MATILDE.	Te dejo libre el campo.
FERNANDA.	*(Incrédula.)* ¿Sin lucha?
MATILDE.	*(Con afectada naturalidad.)* Sin lucha.
FERNANDA.	*(Decidida a jugar con las cartas boca arriba.)* ¿Para qué viniste entonces?

MATILDE.   Yo no sabía
que estabais aquí.

FERNANDA.   Matilde,
¿a qué mentir?

MATILDE.   Si mi padre,
que lo supo, me lo dice
a tiempo, no vengo.

FERNANDA.   Entonces
aún hay lugar. Puedes irte.

MATILDE.   ¿Me temes?

FERNANDA.   No. La verdad,
si te hubiera visto triste,
desolada, si llegaras
exasperada o humilde,
pero afectada de veras
a implorarme o a exigirme,
tu sufrimiento me hubiera
dado miedo. Así, no hay chiste
en permanecer tranquila
como tú.

MATILDE.   *(En tono falsamente confidencial.)*
                        Fernanda, dime…

FERNANDA.   *(Tranquila y decidida.)*
Lo que quieras.

MATILDE.   *(Agresiva e irónica.)*
                        Pero antes,
deja que te felicite.
¡Cuatro meses! ¡Qué firmeza
en Leonardo! Conseguiste
lo que nadie. O ese hombre
es otro hombre.

FERNANDA.   *(En el mismo tono que ella.)*
                        Es posible
que no fuera el hombre que

	tú pensabas.
MATILDE.	*(Curiosa.)*
	¿Y ahora… sigue enamorado?
FERNANDA.	*(Leal.)*
	No sé.
MATILDE.	¿Y tú?
FERNANDA.	*(Sincera.)*
	Tampoco.
MATILDE.	*(Estupefacta.)*
	¿Te ríes?
FERNANDA.	*(Natural y sincera.)*
	No; te doy la cuenta de la realidad que me pides. La verdad la ignoro aún; déjame que la averigüe.
MATILDE.	*(Con un sentimiento que suena a hueco.)*
	¿Y para eso has destrozado mi vida?...
FERNANDA.	*(Con cierta sorna; porque ella sabe muy bien que la vida afectiva de Matilde no existe.)*
	Vamos, Matilde… tu vida… Quieres abrir tus salones y lucirte en el mejor mundo, ahora que tu padre es duque y vive contigo.
MATILDE.	*(Reconociendo involuntariamente que Fernanda ha acertado.)*
	Mi situación ambigua, absurda…
FERNANDA.	*(Quitándole importancia.)*

	Difícil…
	Te hace falta tu marido.
	Comprendo.
MATILDE.	*(Va a protestar.)*
	Yo…
FERNANDA.	*(Clara, contundente, para evitar rodeos y cortar esta escena violenta, sabiendo que a Matilde lo que le importa no es que su marido la quiera, sino que no la deje.)*
	A eso viniste.
	Ahorrémonos una escena
	estúpida. Es muy posible,
	muy probable, que Leonardo
	no se decida a seguirme.
	No lograré yo que sea
	otro hombre, como tú dices,
	y en este caso soy yo…
MATILDE.	Tú…
FERNANDA.	La que tiene que irse.
	Pero eso vamos a verlo
	en seguida. He de decirle
	aquí mismo –él viene ahora–
	mi última palabra. Asiste
	tú desde esa habitación[95].
	(Señalando a una puerta.)
	a nuestra plática.
MATILDE.	*(Mostrando su único temor verdadero.)*

---

[95] Las entradas y salidas de personajes (tan frecuentes en el teatro clásico español) y en el que uno de ellos escucha tras las paredes conversaciones que les implica, o en su ausencia se revela la verdad de relaciones emocionales, resultan particularmente interesantes en *Julianillo Valcárcel o desdichas de la fortuna* y *Las adelfas*.

	¿Y si se va contigo?
FERNANDA.	*(Graciosamente leal y con lógica implacable.)* Es que es otro hombre... El hombre que no te sirve a ti, un loco que no cumple ya ninguno de tus fines. Por lo demás, cuando quieras sales para interrumpirme.
MATILDE.	*(Resistiendo aún.)* Mas... sabiendo lo que sé...
FERNANDA.	No sabes nada, Matilde.
MATILDE.	*(Asombrada, sin comprender aún.)* ¿Cómo? ¿Qué?
FERNANDA.	*(Con autoridad fundada en la conveniencia de la otra.)* No te conviene saber nada.
MATILDE.	*(Empieza a enterarse.)* Convenirme...
FERNANDA.	¿No lo comprendes?
MATILDE.	*(Disimulando su aquiescencia.)* Ya, pero... la verdad...
FERNANDA.	*(Firme en su lógica.)* ¿De qué te sirve una verdad que en el fondo no lo es tal vez?...
MATILDE.	*(Casi vencida.)* Es posible... *(Pero en una reacción de dignidad.)* Mis derechos...

FERNANDA.	*(Entonces le muestra inflexiblemente el panorama que se le ofrece por ese camino.)*

También tienes
ese otro camino libre.
El escándalo, el juzgado,
la fuerza.

MATILDE.	*(Asustada en el fondo y pensando lo poco que conseguiría de Leonardo por las malas.)*

Me lo prohíbe
mi dignidad. Nada quiero
por la fuerza.

FERNANDA.	*(Que conoce el íntimo pensamiento de la otra y su vanidad.)*

Reducirle
con ruegos.

MATILDE.	*(Indignada.)*

Menos.

FERNANDA.	*(Inflexible y con serena firmeza.)*

Entonces
obedece.

MATILDE.	*(Totalmente vencida.)*

¡Ah!...

FERNANDA.	Y no repliques.

(Asomada a la puerta del fondo y viendo que Leonardo se acerca por la galería.)
Él llega. Pronto sabremos
la verdad.

MATILDE.	*(En una última protesta de su sometimiento a la situación.)*

Pero… ¡Es horrible!...

FERNANDA.	La verdad es siempre hermosa.

¿Qué estás diciendo Matilde?
(Echando por el lado de «la verdad» en un sentido general para dulcificar la violencia del momento. Y suavemente la lleva hasta la puerta de la derecha, por donde Matilde se va.)

ESCENA XI

Fernanda, Leonardo

FERNANDA. ¡Y bien, Leonardo!

LEONARDO.   Ya soy
tuyo otra vez.

FERNANDA.   Gracias.
(Secamente.)

LEONARDO.   Tengo
mi plan.

FERNANDA.   Separarnos.

LEONARDO.   No,
mi vida, ¿quién piensa en ello?
Separarnos… ¡Qué locura!

FERNANDA. Habrá que perder el miedo
a las palabras.

LEONARDO. *(Mirándola con extrañeza.)*
                        Fernanda,
óyeme.

FERNANDA.   Porque los hechos
a nadie asustan. Te escucho;
mas antes, oye un consejo.

	Se miente más que se engaña[96];
	cuatro quintos, por lo menos,

Se miente más que se engaña[96];
cuatro quintos, por lo menos,
de toda mentira pueden
excusarse por superfluos.
Habla.

LEONARDO.   Si tan prevenida
me escuchas, lo dejaremos.
*(Reparando en la expresión triste de
Fernanda.)*
Pero, ¿qué tienes, Fernanda?

FERNANDA. Nada, Leonardo, que empiezo
a ver claro… En fin, tú quieres
desistir…

LEONARDO.   No, que aplacemos
ese viaje a Mallorca
para más tarde.

FERNANDA.   Comprendo:
que España te necesita
como a Corbacho. ¿No es eso?

LEONARDO. Esa ironía, Fernanda,
me hiere. No la merezco.
Yo te propongo…

FERNANDA.   Volver
conmigo. ¿Verdad? No acepto,
Leonardo. Mejor, romper,
separarnos. Sí, lo nuestro
fue el ensayo de un amor,
alguien dirá un adulterio
a prueba, que no ha salido

---

[96] En *Juan de Mairena* hallamos expresiones parecidas: «Se miente más que se engaña; / y se gasta más saliva / de la necesaria». MACHADO, Antonio. *Juan de Mairena*. I. Edición de Antonio Fernández Ferrer. 2ª ed. Madrid: Cátedra, 1993, p. 132. «Se miente más de la cuenta / por falta de fantasía: / también la verdad se inventa». En: MACHADO, Antonio. *Juan de Mairena*. II. Edición de Antonio Fernández Ferrer. Madrid: Cátedra, 1986, p. 38. Este último forma parte de *Proverbios y cantares*.

del todo bien: algo feo.
Ahora soy yo quien te llama
a la razón. Separémonos.

LEONARDO.   Eres injusta conmigo,
Fernanda.

FERNANDA.   *(Con ironía.)*
                        ¿Sí?

LEONARDO.   Yo te quiero.

FERNANDA.   A tu modo.

LEONARDO.   ¡Claro está!
Dime si hay otra manera
de querer; pero tú, en cambio,
a la tuya me desprecias.
Al condenar ese mundo
que hoy me llama, tú no piensas,
no quieres ver que es el mío.
Nací en él, mi vida entera
le está unida, soy yo mismo
el mundo que tú condenas
con tu sarcasmo. Un afán
de poder y de riqueza
hay en él, en mí; tal soy,
Fernanda. Pero ¿yo era
cuando tú me conociste
otro? La manía eterna
de la mujer: ¡ama el hierro
para convertirlo en cera!
Tal como soy me has querido,
no el amante de novela
sentimental, sino el hombre
frío, mundano, de recia
voluntad. Fue tu capricho
acariciar a esta fiera
que va conmigo.

FERNANDA.   O piedad
hacia una vida desierta
de ternura.

LEONARDO.   No lo sé,
ni averiguarlo quisiera,
Fernanda; menos curioso
que el tuyo, mi amor respeta
esas verdades del fondo.

FERNANDA.   Yo no, prefiero saberlas.
No hay amor que no destruya
cuanto hay en la vida nuestra
de ficticio. Lo que llaman
los amantes vida nueva
es olvidar su mentira,
que es sacudir su cadena.
Leonardo, si entre nosotros
nada cambia y nada empieza
por nuestro amor, porque nada
añade a nuestra existencia,
él es la mayor de todas
las mentiras.

                           Sí, te esperan
tus negocios, la política,
la banca, cosas muy serias,
tu vida en suma, en tu jaula
dorada de ave de presa.
Vuélvete a España, Leonardo.
Tampoco allí, donde imperan
la impoluta espada de
don Bernardino y la excelsa
palabra del gran Corbacho,
nada cambia. No hay tragedia
por ahora, ya están todos
acordes: no puede haberla.

Torna a Matilde, tu esposa,
tu Penélope, sin tela
que tejer, ni pretendientes
—mientras su Ulises no vuelva—[97].
Ella te aguarda; reanuda
tu vida legal con ella,
el bostezo interrumpido
por una mala novela
sentimental. Solo yo,
del puesto que me reservas
en ese mundo, deserto.
La heroína de opereta
princesa Rosenska vuelve
curada, si no contenta,
a Varsovia, y hoy te dice:
Adiós.

LEONARDO.   ¿Adiós?... ¡Oh qué bella
con ese ceño! ¡Qué hermosa
cuando te enfadas!
(Abrazándola.)

FERNANDA.   ¿Sí?

LEONARDO.   Deja
que te mire. Acaso tienes
razón… y aunque no la tengas…
*(La palabra aquí solo expresa el deseo
que se reaviva en Leonardo.)*
No me abandones, Fernanda.

FERNANDA. Basta ya.
(Pugnando por separarse de él.)

LEONARDO.   Si tú te empeñas,
me iré contigo…. Además

---

[97] Fernanda da por terminado su intento frustrado por recomponer su vida. Pero como esta, la vida política española seguirá el mismo curso. Alusión al destierro de Ulises por parte de Poseidón al cegar a su hijo, el cíclope Polifemo. Transcurridos veinte años, el héroe se reunió de nuevo con su esposa Penélope, en Ítaca.

	nada me obliga a que vuelva
	hoy mismo. Sigamos solos
	unos días.
FERNANDA.	No.
	(Con decisión.)
LEONARDO.	Siquiera
	unos días.
FERNANDA.	No.
	(Ídem.)
LEONARDO.	¡Esta noche
	al menos, Fernanda!...
	(Suplicante.)
FERNANDA.	*(Logrando desprenderse de él.)*
	Suelta,
	Leonardo. Que ya no estamos
	tan solos… ¡Si alguien nos viera!
LEONARDO.	¿Te importa?
FERNANDA.	Mucho. Un amor
	sin locura es cosa fea;
	debe ocultarse o mejor
	acabarse. Hoy me avergüenza.
LEONARDO.	¿Sí?
FERNANDA.	Donde termina la
	pasión, la moral empieza.
LEONARDO.	¡La moral!
FERNANDA.	Lo dejaremos
	si quieres en conveniencia.
LEONARDO.	Yo te creí más allá
	del bien y el mal.
FERNANDA.	Sus fronteras
	las pasa amor porque es ciego
	y no las ve, o porque vuela.
	Sin él… Vuelve a España, allí
	Corbacho todo lo arregla.

Y yo a Varsovia. Lo nuestro,
Leonardo, no tiene enmienda.

ESCENA XII

*Dichos, Aurora, Jorge, que se detienen un momento y por fin
se acercan muy obsequiosos parte por disimular la violencia
de la situación, parte, la más, por sincera simpatía por la
princesa*

AURORA.   ¡Fernanda!
JORGE.   ¡Princesa!
                    (Besándole la mano.)
FERNANDA.   Jorge.
                    ¡Aurora!... ¡Grata sorpresa!
                    Por una vez… Usted siempre,
                    Jorge, fiel a su manera
                    de entender la poesía,
                    hoy la vive. ¡Enhorabuena!
                    (A los dos, aludiendo a su boda.)
                    Os debo un regalo.
JORGE.   Ya es
                    un regalo su presencia.
FERNANDA.   ¿Aquí? Una casualidad
                    y un momento. Estoy de vuelta
                    de Italia y salgo ahora mismo
                    para Varsovia.
                    *(Gesto de sorpresa y un poco de pena
                    en los muchachos. Leonardo baja la
                    cabeza sobre sus notas y papeles.)*
                                    Me alegra
                    encontrar aquí reunidos

como al final de comedia,
a los mismos que hace pocos
meses, llenaban aquella
sala de tu casa, en
Madrid, Leonardo... ¿Recuerdas?
¿Vosotros?

AURORA. También pasamos
esta noche la frontera.

FERNANDA. Lo sé... Tu padre me ha dicho
que os acompaña.

AURORA. ¿De veras?
*(Leonardo levanta la cabeza
sorprendido, pero no se atreve a
desmentirla.)*

FERNANDA. Vuelve a Madrid con vosotros
y con Matilde. *(A Jorge.)* Su suegra
–aunque el nombre es feo y
no muy exacto por esta
vez– está aquí. *(A Aurora.)* Y tu pa-
[pastro,
y el gran Corbacho.

AURORA. *(A quien no se le ha ido el gesto de su
padre y que comprende, agradecida se
acerca tímidamente a Fernanda y
dice:)*
¡Princesa!

FERNANDA. *(Cariñosamente.)*
¿Qué hija mía?

AURORA. *(Decidida.)*
Jorge, ¿quieres
que nos vayamos con ella
a Polonia?

JORGE. *(Acercándose contento.)*
Que me place.

FERNANDA.	*(Riendo.)*
	¡No! ¡De ninguna manera!
AURORA.	Y ¿por qué?
FERNANDA.	Porque vosotros
	hacéis falta en nuestra tierra.
JORGE.	¿Nosotros?
FERNANDA.	Sois… la esperanza.
AURORA.	Pero…
FERNANDA.	La vida que empieza.

ESCENA XIII

Dichos, Matilde, que ha escuchado las últimas palabras y comprende la situación, pero todavía un poco inquieta, se dirige interrogante a Fernanda

MATILDE.	Fernanda…
FERNANDA.	Matilde, ¿qué
	te parece? Esta pareja
	quiere venirse conmigo
	a Varsovia…
MATILDE.	*(Tranquila ya por estas palabras que se lo revelan todo, pero sin renunciar a lanzar el último dardo a Fernanda.)*
	Tú te llevas
	siempre a la gente de calle…
FERNANDA.	Yo les he dicho que vuelvan
	con vosotros a Madrid,
	contigo y Leonardo.
LEONARDO.	*(Que hablaba aparte con Matilde, sin dejar de mirar a Fernanda.)*
	Es fuerza

	que llegue primero a Londres…
	Un grave asunto…
FERNANDA.	*(Autoritaria.)*
	Lo arreglas
	por el telégrafo.
MATILDE.	*(A Leonardo, entre suplicante y amenazadora.)*
	¿Vienes?
	¿Sí o no?
FERNANDA.	*(Definitiva.)*
	Sí.
LEONARDO.	*(Vencido y soslayando una respuesta directa.)*
	Lo dice ella…
	(Matilde va a replicar, pero Fernanda le dice al oído recordándole lo convenido y su propia conveniencia.)
FERNANDA.	*(A Matilde, por Leonardo.)*
	¡Nada de reproches!
MATILDE	Pero…
FERNANDA.	¡Hay que obedecerme a ciegas!

ESCENA XIV

Dichos, don Bernardino, que trae del brazo a Román Corbacho. Vienen hablando animadísimamente y al llegar suspenden su conversación y solemnemente dice don Bernardino, dirigiéndose a todos

DON BERNARDINO.	Presento a ustedes al árbitro
	de la política nueva.
	¿No hay periodistas? Aquí

se puede hablar… Tres carteras
para don Román Corbacho
¡y pronto la Presidencia!
(Y volviéndose a él campechanote y
brusco.)
Si no nos sale usted rana
como la otra vez.

CORBACHO.   Mi lema
es puro y yo…

JORGE.   Felicito
a usted…

AURORA.   Triple enhorabuena.

FERNANDA. *(Encarándose con Corbacho y*
recordándole su promesa.)
¿Y bien?

CORBACHO.   No ignoro, señora,
que lo prometido es deuda,
y deposito a sus plantas
el Ministerio de Hacienda.

FERNANDA. *(Señalando a Leonardo.)*
Aquí está el destinatario.

LEONARDO. *(Protestando sorprendido, pero*
halagado en el fondo.)
¿Cómo? ¿Yo? ¡No!...

CORBACHO. *(A Leonardo.)*
                ¿Me conserva
usted rencor?

LEONARDO.   Nada de eso…
Es que… por principio…

FERNANDA. *(A Leonardo, autoritaria.)*
                  Acepta.

LEONARDO. *(Tomando su partido, lleno su fondo*
ya de satisfacción y de proyectos.)

	No… Pero, es lo mismo. Puedo
	darle un nombre.
CORBACHO.	*(Obsequioso.)*
	El que usted quiera.
	(Pero repentinamente asustado.)
	No siendo un técnico…
LEONARDO.	*(Riéndose del miedo de Corbacho de*
	cuya opinión participa.)
	¡Nunca!
	Es…
	(Dice un nombre al oído de
	Corbacho. La cara de este se
	ilumina.)
CORBACHO.	¡Magnífico! ¡Perfecta
	la designación! Será
	un león para la Hacienda
	española.
LEONARDO.	Y con nosotros
	todo… menos una fiera.
CORBACHO.	*(Encantado de su arreglo con el*
	banquero, y ya abundantia cordis[98],
	sin dejar por eso de arrimar el
	ascua a su sardina… política.)
	¡Qué hallazgo! Si viera usted,
	Leonardo, ¡cuánto me pesa
	el *malentendu*[99] que pudo
	perjudicarle!... No era
	mi intención… Es que, en política,
	las circunstancias son dueñas.
	(Animándose tribunicio[100].)

---

[98] *ex abundantia cordis*: locución latina con el significado de «lo que abunda en el corazón». Esta misma expresión la pronuncia el personaje José Luis en *La Lola se va a los puertos* (Acto I, Escena X).

[99] *malentendu*: malentendido.

[100] *tribunicio*: del tribuno (orador) o relacionado con él.

Pero, ¿quién pudo pensar
que en el fondo mis ideas
fuesen disolventes, fuesen
contrarias a la más recta
noción del orden, nocivas
al núcleo de las riquezas
del país, representado
por la Banca y las empresas
industriales? ¡Ah, señores!...
¡Eso nunca!
(Don Bernardino asiente; Matilde
escucha embobada, sin quitarle ojo,
lo que no pasa inadvertido para
Fernanda.)

AURORA. *(Aparte a Jorge.)*
　　　　　　　　¡Tres carteras!

CORBACHO. ¡Claro! El país necesita
a un hombre de las izquierdas...
Pero que no halague al pueblo.

JORGE. *(Aparte a Aurora.)*
(Ni adule en altas esferas.)

CORBACHO. Que atento a sus ideales
con constancia y con firmeza
se mantenga donde está.

FERNANDA. O esté donde lo mantengan...
(Gesto de Corbacho, Fernanda
prosigue.)
sus deberes.

CORBACHO. 　　　　　　　¡Eso sí!
El deber y la conciencia.
¡Lo primero, España!

ESCENA XV

Dichos. Un criado del hotel

CRIADO.   *(Anunciando desde el fondo.)*
                                    El coche
de la señora princesa
Rosenska.

FERNANDA.   *(Despidiendo con un gesto al criado
y levantándose.)*
                        Llegó el instante.

CORBACHO.   *(Pensando que Fernanda ha pedido
el coche para dar un paseo –tal vez
con él–, se le acerca y solícito y
meloso le dice:)*
Si lo prometido es deuda,
para mí…

FERNANDA.   *(A Corbacho, con naturalidad.)*
                              Voy a Varsovia
desde aquí. Si quiere, venga.

CORBACHO.   *(Terriblemente sorprendido y sin
saber por dónde salir va a insistir
todavía, recordándole su promesa.)*
Mi afecto…

FERNANDA.   En Varsovia.
CORBACHO.   *(Batiéndose en retirada.)*
                                    El caso
es que… ahora… Yo bien
quisiera…
Pero hay…

FERNANDA.   *(Riendo.)*
                            ¡Ay!

CORBACHO.   Obligaciones

	que son sagradas.
FERNANDA.	*(Al oído de Corbacho, mirando a Matilde entre socarrona y afectuosa.)*
	Más cerca tiene usté el amor, Corbacho.
CORBACHO.	*(Comprendiendo, halagado, pero protestando por fórmula.)* ¿Se figura usted?
FERNANDA.	Ni media sílaba más.
CORBACHO.	¿Volverá?
FERNANDA.	Tarde. Cuando me apetezca tomar el sol de la patria, si es que aún hay sol cuando vuelva.
DON BERNARDINO.	*(A Fernanda, bajo, aludiendo al asunto de esta y Leonardo.)* Ya veo que me informaron mal.
FERNANDA.	*(Evasiva.)* ¡Bah!...
DON BERNARDINO.	*(Con esperanzado interés.)* ¿Por qué no te quedas con nosotros? ¿Vas a irte sola por la carretera?
FERNANDA.	En el auto hasta París. El Orient-Express me lleva de allí a Polonia. Dos días.
DON BERNARDINO.	*(Con un gran suspiro enamorado.)* Sobrina, ¡si tú supieras!
FERNANDA.	Lo sé, tío…
DON BERNARDINO.	Y ¿qué respondes?
FERNANDA.	Nada… que me siento vieja.

(Don Bernardino se queda turulato[101], Fernanda no le da ya tiempo a más y se dirige a todos en un ademán de despedida.)

AURORA.
No nos abandone usted.
(Ingenua y cariñosa.)

FERNANDA.
(La besa, y dirigiéndose a Matilde.)
Adiós, Matilde; que seas
feliz como puedes,
y tú, Leonardo, como puedas.
(Le retira la mano que la había dado, y dirigiéndose a todos y un poco a sí misma, dice:)
Aquí no ha pasado nada.
Todo vuelve a ser lo que era.
Cayó una piedra en el *charco*,
movió el agua. Ya está quieta.
Pero… Hay un pero, Corbacho.
¡Cuidado no se revuelva,
cuando menos lo pensemos,
sin necesidad de piedra!...
Ahora nos toca pedir
perdón de las faltas nuestras,
ya que, con mi despedida,
aquí da fin la comedia
de la nueva Cleopatra…
sin Marco Antonio y sin César[102],
que fue la primera Fernanda.

---

[101] *turulato*: sorprendido, alelado, estupefacto.
[102] Cuando Marco Antonio y Cleopatra se conocieron (año 41 a.C.), algo más que un vínculo político militar les unió. Tuvieron tres hijos. Creyendo aquel que Cleopatra había fallecido se quitó la vida. Cuando Cleopatra se enteró, prefirió suicidarse mediante la mordedura de una serpiente que ser llevada prisionera a Roma. Véase nota 93.

(Fernanda se retira por el fondo con ademán de adiós y una graciosa reverencia. Los que quedan en escena se miran unos a otros. En algunos –sobre todo en los muchachos– hay como un movimiento de seguirla. Pero en esto cae el

TELÓN

GUÍA DIDÁCTICA

① Redacta un resumen de la obra.

- Anota dos temas relevantes de *La prima Fernanda*.

② ¿Qué referencia espacial y temporal se nos da al comienzo de la obra?

- ¿De dónde viene Fernanda?

- ¿A qué se debe la vuelta de esta a España?

- ¿Qué cambios se suceden con la llegada de Fernanda a la casa de sus parientes?

③ En la obra se superponen dos intrigas. ¿Cuáles son? ¿Cuál de ellas es más importante?

④ ¿Qué mueve a Leonardo a contraer matrimonio con Matilde? ¿Y Fernanda con el príncipe polaco?

⑤ Haz un resumen del segundo acto, teniendo en cuenta estos tres aspectos.

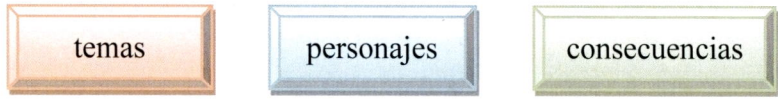

| temas | personajes | consecuencias |

⑥ ¿Por qué intenta Fernanda apartar de la política a Leonardo?

- ¿Qué le interesa, en realidad, a Román Corbacho (diputado a Cortes) más que la política?

⑦ ¿Qué busca Leonardo en el dinero? ¿Qué piensa Fernanda del dinero?

⑧ Retrata en pocas palabras a cada uno de estos personajes: Jorge, Jorge Ulloa, Fernanda, Román Corbacho, don Bernardino, Leonardo y Aurora.

⑨ ¿Qué cualidades del carácter de Fernanda destacarías de estas palabras que tienen como destinatario a Corbacho?

> Es usted algo farsante.
> No me gusta su manera
> de político y amante.
> Juego doble, nada noble
> es el suyo. Sus jugadas,
> con dos barajas marcadas,
> merecen fracaso doble. (II, V)[103]

---

[103] De ahora en adelante, consignaremos Acto y Escena indicando únicamente el número de cada uno de ellos, por este orden.

⑩ Relaciona el parentesco de los siguientes personajes:

Fernanda	Prima de	
Leonardo		Matilde
Fernanda	Esposa de	
Leonardo		Fernanda
Leonardo	Padre de	
Matilde	Hija de	

⑪ ¿Por qué en su momento Leonardo rechazó el amor de Fernanda?

⑫ Los propios autores calificaron esta obra como una comedia de figurón, subgénero teatral identificado en el Siglo de Oro con aquellas comedias que tenían un personaje grotesco, una máscara esencialmente ridícula. ¿Quién consideras el personaje más grotesco de la obra?

- ¿Qué personaje te resulta más gracioso?

- ¿Qué personajes representan la posibilidad de un mundo nuevo?

⑬ Aquí tienes una escena de la obra cuando fue estrenada en el Teatro de la Victoria en 1931[104]. ¿Podrías identificar a los personajes?

⑭ ¿Cuánto tiempo transcurre entre el segundo acto y el comienzo del tercero? ¿Qué ha sucedido en este periodo?

⑮ Según hayas interpretado la obra, relaciona cada sustantivo con el adjetivo que, a tu parecer, le corresponde a los personajes:

Financiero	Político	General
☐ generoso	☐ eficiente	☐ mísero
☐ compasivo	☐ prudente	☐ audaz
☐ avaricioso	☐ desaprensivo	☐ refinado
☐ autoritario	☐ retraído	☐ ingenuo

---

[104] Miquis, Alejandro. "La semana teatral". En: *Nuevo Mundo*, Año 38, n. 1939, 8 de mayo de 1931, p. 34.

⑯ En esta comedia comparten espacio la política, la banca y el amor: tópicos, poder y esperanza. También sentimientos, pasiones y ambición. Explica cada uno de ellos.

⑰ Una vez leída y entendida la obra, ¿qué crees que denuncian sus autores?

- ☐ El atraso económico de España.
- ☐ Las relaciones por interés.
- ☐ La mentira en la vida individual y colectiva.
- ☐ El poder del dinero.

⑱ ¿Cómo valoras esta comedia: caricaturesca, absurda, satírica o pintoresca? Justifica tu respuesta.

① Entre toda la clase escoged un fragmento que consideréis especialmente significativo de *La prima Fernanda* y llevad a cabo una dramatización. Luego, exponed los aspectos que más os hayan llamado la atención. Diseñad un díptico informativo sobre la representación. Podéis serviros de este modelo completando la información que falta.

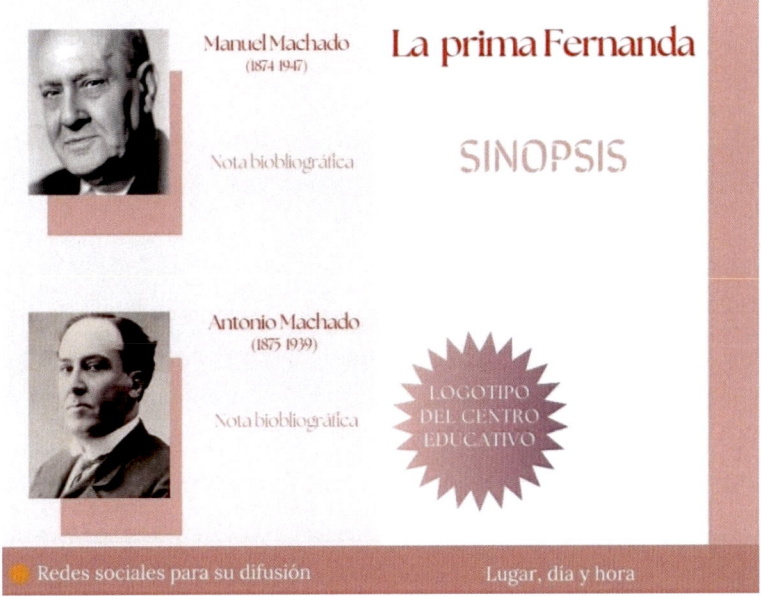

② Una de las mayores dificultades estilísticas que presenta el argumento de *La prima Fernanda* es recoger asuntos como un monopolio de minas, un consorcio banquero, la electrificación general, etc. bajo la artificiosidad de la rima y la métrica. Como has podido comprobar, la obra está escrita en octosílabos asonantados, salvo algún pasaje en el que la rima consonante toma parte en el diálogo. Anota algún ejemplo.

③ Además de extranjerismos incorporados hoy en día a nuestro habla cotidiana (*whiskey*, *hall*, *tennis*, *sandwichs*, *bistech*) a lo largo de la obra aparecen otros como *croute*, *alló*, *bocatto di cardinali*, *flirt*, *knock-out*, *trust*. Busca su significado y di de qué lengua proceden.

④ También encontramos abundantes refranes y expresiones coloquiales. Reconoce los que aparecen en estas intervenciones y explica su significado.

a) «Lo cierto es que ella, hoy viuda, / hace de su capa un sayo». (I, I)

b) «Blancos y negros asienten. / Para los grises se agrega; / mas demos a Dios lo suyo, / y a César lo que es del César». (I, II)

c) «Pero no es esa mi norma. / Yo, al pan, pan, y al vino, vino». (I, III)

d) «A este tontaina… también / se le hacía agua la boca». (I, III)

e) «No lo creas, / con los ojos bien abiertos / me miraste; como ahora / te miro yo. A lo hecho, pecho». (I, V)

f) «A gato viejo, / rata tierna». (III, III)

⑤ ¿Qué refrán se oculta tras estas palabras de Leonardo a Fernanda: «No perdamos el oro mejor, el tiempo». (II, VII)

⑥ Don Bernardino llega a decir: «Yo con la ordenanza a secas / lo arreglo en un dos por tres» (II, X). ¿Qué quiere decir? ¿Conoces alguna expresión parecida formada con números?

⑦ Escribe en cada expresión el recurso literario que le corresponde:

«ceñido el casco guerrero, inspira, protege y manda» (II, V)	
«y todo a tus pies lo pongo» (II, VII)	
«Mi vida, un desierto» (II, VII)	
«Tan loco ahora como antes cuerdo» (II, VII)	
«Entre todas no hallarás siquiera el nombre de una mujer» (III, VI)	
«A lo hecho, pecho» (III, VI)	

- ➢ aliteración
- ➢ antítesis
- ➢ elipsis
- ➢ enumeración
- ➢ hipérbaton
- ➢ paronomasia

INTERDISCIPLINARIEDAD. ENTRE UNO Y OTRO

① En una de sus intervenciones, el diputado Román Corbacho nombra a una diosa de la mitología clásica: «Cuando Palas Atenea, / ceñido el casco guerrero, / inspira, protege y manda» (II, V). Busca información sobre ella, y analiza la imagen que acompañamos del pintor holandés Karel Dujardin.

② En el tramo final de la obra, Fernanda quiere dejar la relación que tiene con Leonardo y para ello recurre a un símil con un personaje de la mitología griega. Lee con atención este fragmento y explica la relación entre la escena de la comedia de los Machado y el mito al que alude.

> Torna a Matilde, tu esposa,
> tu Penélope, sin tela
> que tejer, ni pretendientes
> –mientras su Ulises no vuelva–.
> Ella te aguarda; reanuda
> tu vida legal con ella. (III, XI)

③ En la obra se informa de la posibilidad de que Corbacho adquiera la cartera de Finanzas, Fomento y Economía (III, III). Infórmate de las responsabilidades que en la actualidad tiene cada una de ellas.

④ Corbacho galantea ante Fernanda hablándole del amor: «del ni ciego / la saeta punzadora» (II, V). ¿Con qué atributos se representa tradicionalmente a Cupido? Realiza un dibujo en el que el dios del Amor aparezca con todos sus símbolos.

⑤ En la obra se citan numerosos lugares de Madrid: el Club de Tiro (I, I), el Hotel Ritz (I, IV), el Paseo de la Castellana (I, IV), el hipódromo de la Zarzuela (I, IV), el Congreso de los Diputados (II, X). Diseñad un mapa de Madrid capital. ¿Sabrías localizar su ubicación actual en un callejero?

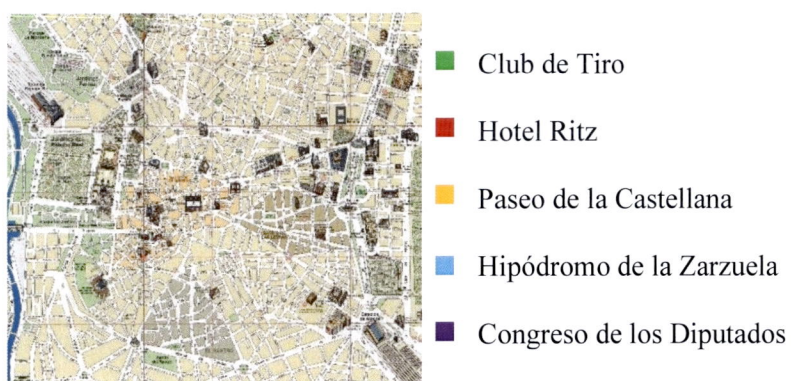

- ■ Club de Tiro
- ■ Hotel Ritz
- ■ Paseo de la Castellana
- ■ Hipódromo de la Zarzuela
- ■ Congreso de los Diputados

⑥ El tercer acto comienza en un hotel en Biarritz, con vistas al mar. Ubícalo en un mapa junto a otras ciudades europeas donde dicen haber estado algunos de los personajes que desfilan a lo largo de *La prima Fernanda*. ¿Qué otra gran capital africana se cita?

⑦ *La prima Fernanda* se estrenó el 24 de abril de 1931. ¿Qué sucedió en España diez días antes?

⑧ Leonardo y Fernanda planean ir a Mallorca. Localiza los lugares e historias a las que alude Fernanda con estas palabras:

> Tiempo quedará, y de sobra,
> para hacer ese viaje
> a la Cartuja famosa.
> De recordar el idilio
> del músico y la escritora;
> que, por cierto, fue la última
> página de aquella historia
> de amor romántico. (III, VI)

⑨ La obra termina con esta alusión a personajes históricos. Búscalos y explica su relación con *La prima Fernanda*.

> [...] aquí da fin la comedia
> de la nueva Cleopatra...
> sin Marco Antonio y sin César,
> que fue la primera Fernanda. (III, XV)

⑩ Explica lo que quiere decir Corbacho cuando comparte con Fernanda estas palabras:

> Abur, señora.
> Si *in partibus infidelium*
> político, en lo profundo
> siempre suyo. Sus pies beso. (II, VI)

⑪ En el Acto I, Escena IV Fernanda menosprecia la poesía que se practica sin rima ni medida pues cree que, desprestigiando esas normas clásicas, es fácil el ejercicio lírico. Habla de un juego dialéctico que permite hacer composiciones. ¿En qué consiste?

- ¿Con qué corriente de vanguardia lo relacionarías?

- Por orden alfabético selecciona al azar diez palabras de cada una de las veintisiete letras de nuestro alfabeto. Seguidamente, introdúcelas en una bolsa, remuévelas y extrae diez términos. Escribe un poema a partir de esas palabras escogidas.

⑫ Una de las referencias que encontramos al patrimonio cultural de Andalucía es el vino de Jerez. Entre las alusiones, la más significativa es esta que viene de boca de Don Bernardino:

> ¡Domecq!
> Buena bodega, ¡qué aroma!
> El mismo nombre lo dice:
> ¡Macharnudo! Esto es la gloria,
> pollo. (I, III)

- Anota otras referencias al vino de Jerez que aparecen en la obra.

- Relaciona los términos Domecq, bodega y Macharnudo.

⑬ Te proponemos que a través de Google maps localices todas las bodegas que en la actualidad existen en Jerez de la Frontera hasta crear una ruta del vino. Luego, elabora una ficha de cada una de ellas que podrás compartir con tus compañeros de clase.

Inversión de roles en la seducción

① Fíjate en estas palabras de Leonardo cuando con su esposa Matilde habla de la relación de su hija Aurora con Jorge:

> Los muchachos
> y las muchachas del día
> tienen un poco trocados
> los papeles. Hoy… son ellos
> los que resisten… (I, I)

- ¿Sucede lo mismo en la sociedad actual?

- ¿Cómo crees que han cambiado las formas de seducción?

- Piensa en cinco canciones que puedan conquistar por igual a un hombre que a una mujer. Luego, comparte los aspectos destacados en las mismas que ponen en valor el amor como sentimiento universal.

② Un buen monólogo debe tener en cuenta una serie de características, tanto formales como de contenido. Consulta el siguiente blog que, a modo de decálogo, te servirá de orientación para preparar un monólogo sobre "Hoy son ellos los que resisten". También puedes grabarte en vídeo: http://disisespain.blogspot.com/2012/02/guia-para-escribir-monologos-en-10.html.

¿Razón o seguro azar?

③ Fernanda llega a decir en una ocasión que «más allá de la razón todo es riesgo» (I, V). ¿Estás de acuerdo? Define a las personas que así se comportan.

- En el primer acto (I, V) Leonardo alude a «seguro azar» como título de una obra poética: «La vida aventura, riesgo, / 'seguro azar' como ha dicho / un poeta» (I, V). Busca su autor. ¿Estás de acuerdo con el significado del libro: azar o destino? Puedes apoyarte en este fragmento de *Hoy, Júpiter*, de Luis Landero:

> Tú deja hacer al destino, que él tiene su ritmo, y muy bien urdidas sus combinaciones y conjuras antes incluso de comenzar el juego. Persevera, porque el azar está siempre de parte de quien más voluntad pone en los empeños.

¿Destino o desatino?

④ Presta atención a este pasaje de la novela *Desertor*, de Juan Ramón Rojas, sobre el destino de su protagonista, Mauricio Reyes.

> En plena adolescencia, el destino le marcó abruptamente un camino jamás imaginado y, muchos años después, seguía igual, amarrado a ese destino, sin autonomía para correr sus propios riesgos, explotar sus fortalezas, ejercer libremente su propia individualidad.

Ralph Waldo Emerson decía: «Lo que somos, solo eso podemos ver. Construye pues tu mundo». ¿Podemos elegir nuestra propia vida? O ¿somos esclavos de nuestro destino?

- ▪ Redacta una biografía en la que reflejes cómo estas cinco mujeres se han hecho a sí mismas: Blaise Pascal, Camille Claudel, Maria Callas, Václav Havel y Sara Blakely. Acompaña tu trabajo de una síntesis utilizando alguna herramienta de diseño gráfico que conozcas.

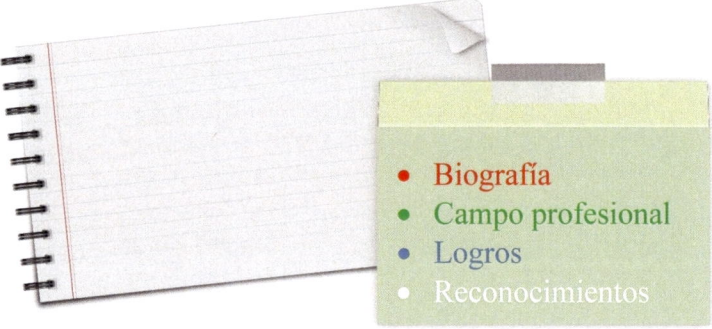

- • Biografía
- • Campo profesional
- • Logros
- • Reconocimientos

El poder de la palabra

⑤ La opinión de Corbacho sobre la política queda patente en estas declaraciones. Explica a qué se refiere:

> Hay que mentir. La verdad
> es siempre una impertinencia.
> El orador, si es de raza,
> sabe muy bien el problema
> de la oratoria; un hablar
> tan claro que en él entiendan
> blanco, los blancos, y negro,
> los negros. (I, I)

- Sin duda, las palabras ayudan a entender el mundo. Leer es aprender a mirar. Pero también es un arma intelectual. Cantinflas llamaba «inflación palabraria» al lenguaje pomposo, a la pedantería hueca como forma de mantener un estatus. En todos los ámbitos encontramos ejemplos de discursos "agradables" en los que la palabra es utilizada con gran poder de persuasión. Selecciona tres anuncios publicitarios y fíjate bien en los siguientes aspectos:

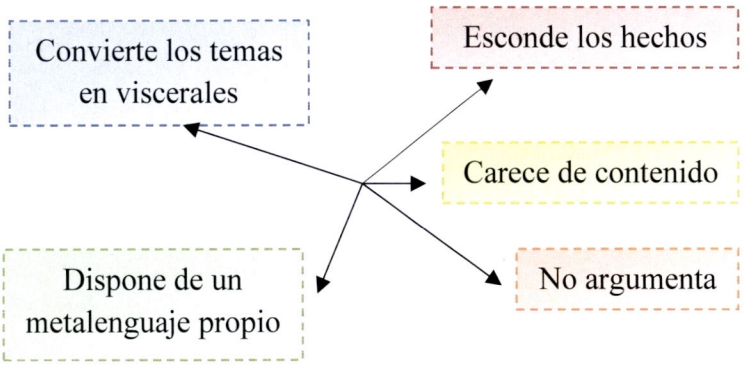

⑥ A propósito de Corbarcho, ya avanzada la obra, Jorge afirma:

> El que pretenda
> hoy imponerse ha de ser,
> a mi juicio, con ideas
> y palabras sencillas,
> muy claras y muy concretas,
> tomadas en el ambiente
> de la opinión, que es la dueña,
> al fin y al cabo, de todo. (II, X)

- ¿Crees que la palabra es un arma poderosa? ¿Para qué sirve? Puede servirte de ayuda esta opinión de Gustave Flaubert en *Madame Bovary*: «la palabra humana es como un caldero cascado en el que tocamos melodías para hacer bailar

a los osos, cuando quisiéramos conmover a las estrellas».
Acompaña tu opinión de ejemplos concretos.

El sueño dorado de la libertad

⑦ Según sus propias palabras, Fernanda ha revivido después del fallecimiento de su esposo. El enviudamiento le ha dado otra oportunidad de vivir:

> [...] hoy poseo
> con salud y con fortuna
> libertad; era mi sueño
> dorado: nacer dos veces,
> y la segunda sabiendo
> algo del mundo, no todo,
> por mi suerte. Vivo, espero
> de la vida. (I, V)

- ¿Qué se puede esperar de la vida?

- ¿Esta actitud de Fernanda implica resignación ante el destino?

- En tu opinión, ¿qué aporta la madurez frente a la juventud? Sírvete de esta máxima de Goethe: «El niño es realista; el muchacho, idealista; el hombre, escéptico, y el viejo, místico».

⑧ Más adelante, Matilde afirma sobre Fernanda: «Joven, rica, viuda y sola, / el mundo es tuyo» (II, III). En tu opinión, no ser joven, con una vida discreta, casado/a ¿representa un lastre?

Abrir juego

⑨ Al comienzo del segundo acto, Jorge y Aurora hablan de la vida como un juego. ¿Lo importante es participar o ganar? Es decir, ¿vivir o conseguir los objetivos marcados?

La ambición, el deseo de vencer

⑩ Leonardo llega a confesar a Fernanda que en su momento no atendió a los sentimientos puros de este hacia ella, porque su única meta era conseguir otros objetivos: «no tenía más que un solo pensamiento: vencer» (II, VII). ¿Cómo calificarías esta actitud?

☐ ambición   ☐ egoísmo

☐ arrogancia   ☐ ingenuidad

☐ autocompasión   ☐ sinceridad

- Observa este fragmento de *Oz, un mundo de fantasía*, cuando Anne se acerca a la atracción de feria donde el mago Óscar Oz actúa y le comenta su compromiso con otro hombre. Expón tu opinión sobre la grandeza y la ambición. ¿Qué es para ti vencer en la vida?

[Oz] Soy muchas cosas, pero un buen hombre no es una de ellas.
[Anne] Podrías serlo, si quisieras.
[Oz] Lo malo es eso: que no quiero. Kansas está lleno de hombres buenos que van a la iglesia, se casan, forman familias, hombres como John Gayle, como mi padre que se pasa la vida arando la tierra para acabar enterrados en ella. No quiero eso, Anna. No quiero ser un buen hombre. Quiero ser un gran hombre. […]
[Anne] Eso es lo único que siempre he querido para ti: la grandeza.

La edad del matrimonio

⑪ Así define Leonardo el Amor:

> amor sin traba, ni límite,
> ni obligación. Movimiento
> de un ser a otro, que arrolla
> cuanto se pone por medio. (II, VII)

a) ¿Crees que es un idealista? ¿Qué otros calificativos añadirías?

b) La celebración del Amor en San Valentín ¿lo consideras un producto comercial o cultural?

⑫ Como sucede en otras obras de los hermanos Machado, también en *La prima Fernanda* tenemos ejemplos de matrimonios contraídos entre cónyuges de distinta edad. Sucede con Fernanda y el príncipe polaco. Esto dice Matilde:

> La casaron
> a la fuerza… Él le doblaba
> la edad. Pero deslumbrados
> mis tíos con la fortuna
> del príncipe… (I, I)

- En el film *360. Juego de destinos* Rui y Rose mantienen una relación intensa y pasional pero la diferencia de edad entre ellos resulta un hándicap.

[Rui] Yo te hago feliz, ¿verdad? Hago que te sientas bien.
[Rose] Sí.
[Rui] Nos lo pasamos bien juntos.
[Rose] Sí.
[Rui] Entonces ¿por qué cambiarlo?
[Rose] Porque tienes veinticinco años.
[Rui] Eso es lo que mola: que somos diferentes.
[Rose] Tengo demasiadas responsabilidades.
[Rui] Adoro tus responsabilidades.
[Rose] No tenemos futuro.
[Rui] Tenemos un bonito presente. Podemos tener futuro si me dejas intentarlo. Déjame ser parte de tu vida.

- ¿Crees que en todos los casos obedece a intereses concertados? ¿Piensas que la edad es obstáculo para el amor? ¿Se ve igual si es la mujer mayor que el hombre? Escribe un texto expositivo-argumentativo exponiendo tu opinión al respecto. Maneja los siguientes aspectos:

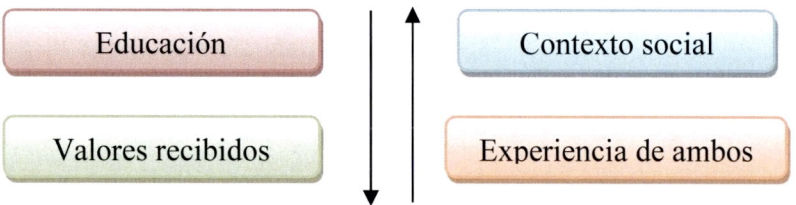

- En realidad, ¿qué se busca: sentirse más joven, protección, imagen y éxito social…?

- Al fallecer la joven Leonor Izquierdo, Antonio Machado escribió: «Sentí tu voz de niña en mi oído como una campana nueva». Infórmate sobre la relación amorosa que ambos mantuvieron.

El machismo

⑬ Una conversación entre Fernanda y Matilde deja ver un poso de machismo en Leonardo:

Fernanda.	¿No vas hoy al Congreso?
Matilde.	Se enoja Leonardo.
Fernanda.	¿Leonardo?
Matilde.	Dice que las mujeres estorban en ciertos medios. No hay tal… (II, III)

Explica a qué se refiere exactamente y qué relación puede tener con este fragmento de *La dama boba* de Lope de Vega, en el que Octavio retrata a la perfecta casada:

Está la discreción de una casada
en amar y servir a su marido
en vivir recogida y recatada,
honesta en el hablar y en el vestido;
en ser de familia respetada,
en retirar la vista y el oído
en enseñar los hijos, cuidadosa,
preciada más de limpia que de hermosa. (I, III)

a) ¿Qué planes o programas empresariales impulsarías para mujeres emprendedoras?

b) Describe la escena representada en *Las hilanderas* de Velázquez y *Las floristas* de José Rico Cejudo. A continuación, expón tu opinión sobre si es rasgo de una sociedad anquilosada el que hombres y mujeres defiendan trabajos asignados tradicionalmente. Por último, acompaña ejemplos de diseñadores de moda famosos que conozcas:

c) Esta actitud del hombre se puede ver en multitud de manifestaciones artísticas. Un pequeño pueblo pesquero canadiense, Tickel Head, necesita urgentemente un médico durante un mes para conseguir que instale una fábrica de residuos petroquímicos y con ella un empleo en jornada completa para unos habitantes que han ido paulatinamente emigrando a la ciudad. Ese es el caso de la mujer de Murray French. Ella abandona su hogar para poder subsistir económicamente. Presta atención a esta escena de la película *La gran seducción*:

[Simon] Si ella se va, ¿dónde te deja a ti?
[Murray] Explícate.
[Simon] Ella estará trabajando. ¿Dónde te deja eso a ti? ¿Cuál será tu papel? Imagino que te dedicarás a limpiar la casa. Supongo que harás las compras, guisarás y harás la colada y cotillearás aunque a ellas a veces les gusta hacer manualidades juntas, pagar sesiones de yoga y ¡oh, sí, te encantará el yoga! Está genial para el cuero. Ella será la nueva jefa.

¿Consideras machistas los comentarios de Simon? Para ti ¿hombre y mujer tienen "asignados" espacios públicos?

d) También en el mundo musical es frecuente encontrarnos con letras que apuntan a una sociedad patriarcal. Por ejemplo, *Hey mama* de David Guetta. Lee este botón de muestra:

Yes I'll do the cooking.
Yes I'll do the cleaning.
Plus I keep the na-na real sweet for your eating.
Yes, you be the boss, yes I be respecting.
Whatever that you tell me cause it's game you be spitting.

- El modelo cultural de hombres y mujeres sigue respondiendo a perfiles conocidos: ellas como cuidadoras y los hombres como quienes basan su trabajo en la fuerza. A pesar de que la mujer trabaja también fuera del hogar, normalmente dedica más tiempo en ocuparse de las tareas domésticas, aunque no siempre es así. Busca la canción *Los días de la semana* de Gaby, Fofó y Miliki y completa esta tabla con lo que el protagonista quiere hacer pero se lo impiden sus obligaciones:

	Tarea realizada	Actividad que desea realizar
Lunes		
Martes		
Miércoles		
Jueves		
Viernes		
Sábado		
Domingo		

- Diseña una tabla indicando qué tareas domésticas realizas a lo largo de la semana y qué actividades te gustaría hacer.

⑭ A pesar del sentimiento que Fernanda tiene hacia Leonardo, aquella ve claro que este no debe romper su matrimonio por ella:

No hay amor que no destruya
cuanto hay en la vida nuestra
de ficticio. Lo que llaman
los amantes vida nueva
es olvidar su mentira,
que es sacudir su cadena. (III, XI)

- ¿Entiendes que el amor crea ficción en nosotros?

- ¿El sentimiento amoroso se puede entender como una cadena? El poeta sevillano Luis Cernuda dijo: «Libertad no conozco sino   la libertad de estar   preso /   en alguien». Puedes apoyarte también en este cantar de José Brissa:

> Prisiones de mi desgracia,
> no me soltéis, que me muero,
> sus brazos son los grilletes,
> sus ojos, los carceleros.

⑮ Busca información sobre el aspecto que más te haya llamado la atención a lo largo de la lectura de *La prima Fernanda*. Crea un dossier donde recojas referencias, aspectos, fotos, reflexiones... de distintas fuentes de información: libros, revistas, internet, películas, canciones, obras de arte, foros... y compártelo con tus compañeros de clase.

El profesor/a que desee disponer del solucionario de la presente guía didáctica, puede solicitarlo a través del formulario: